**Jens Vogler**

**Vision Blue - Befreie dein Denken!**

**Jens Vogler**

# Vision Blue - Befreie dein Denken!

## Erkenntnisse über "Unmöglichkeiten"

**Bloggingbooks**

**Impressum / Imprint**
Bibliografische Information der Deutschen Nationalbibliothek: Die Deutsche Nationalbibliothek verzeichnet diese Publikation in der Deutschen Nationalbibliografie; detaillierte bibliografische Daten sind im Internet über http://dnb.d-nb.de abrufbar.


Bibliographic information published by the Deutsche Nationalbibliothek: The Deutsche Nationalbibliothek lists this publication in the Deutsche Nationalbibliografie; detailed bibliographic data are available in the Internet at http://dnb.d-nb.de.


Coverbild / Cover image: www.ingimage.com

Verlag / Publisher:
Bloggingbooks
ist ein Imprint der / is a trademark of
OmniScriptum GmbH & Co. KG
Heinrich-Böcking-Str. 6-8, 66121 Saarbrücken, Deutschland / Germany
Email: info@bloggingbooks.de

Herstellung: siehe letzte Seite /
Printed at: see last page
**ISBN: 978-3-8417-7261-9**

Ich danke allen Freunden und den Menschen, denen ich begegnen durfte, die mir durch ihre Wissensvermittlung, Meinungen, Kritiken und viele Gespräche den Kenntnisstand verschafften, der dieses Buch ermöglichte.

Mein besonderer Dank gilt *Mandy Klitzke*, die mein Manuskript lektorierte. Weiterhin gilt meine besondere Dankbarkeit *Katrin Ruhbach*, die mich ermutigte, dieses Buch zu schreiben.

* * *

*"Jede Erfahrung baut auf den Ausgang der vorherigen auf. Es gibt keine vergeblichen Entscheidungen weil jede Entscheidung/Erfahrung notwendig ist. Jede Entscheidung setzt etwas in Bewegung, das nicht mehr nur auf uns selbst zurückwirkt, sondern auch auf den Rest der Welt."*

*Gregg Braden, Der Realitäts-Code*

## Inhaltsverzeichnis:

## Vorwort

Jetzt, da du dieses Buch in die Hand genommen hast, ist es meine Aufgabe, dich neugierig zu machen. Vielleicht wirst du dir schon einmal folgende Frage gestellt haben:

*Wer bin ich?*

Ich kann dir nicht sagen, wer du bist; diese Frage kannst du dir nur selbst beantworten. Es ist für dich wohl eher von Interesse, etwas über mich als Autor dieses Buches zu erfahren. Meinen Namen hast du bereits dem Buchcover entnommen. *Wer also bin ich?*
Zunächst einmal: *Ich bin ich!* Ich bin ein Menschenkind wie du! Daher duze ich dich ganz einfach mal, wie dies unter uns Blogautoren weit verbreitet ist. Beruflich bin ich, was dich vielleicht überraschen wird, ein Beamter, der an jedem Arbeitstag in seiner Behörde tätig ist! Dazu kommt noch, dass ich Jurist bin und ich mich im "Paragraphendschungel" ganz gut durchschlagen kann. Somit stehe ich kraft meines Berufsstandes "ganz auf dem Boden der irdischen Tatsachen". Lustig ist nur, dass ich mich selbst nicht so sehe, obwohl es früher mal so war, dass ich mich unheimlich wichtig fand. Alles, was ich mir in meinen festen Denkstrukturen vorstellte, ließ sich irgendwie logisch erklären und was ich nicht erklären konnte, konnte ich ja in Lexika nachschlagen (das Internet steckte damals noch in den Kinderschuhen; *Google* und *Wikipedia* waren Begriffe, die keiner kannte). Ich war Atheist, hatte Angst vor allen möglichen Dingen wie Krankheiten, Unfällen, Verlusten und dem Tod. Ich glaubte an den wissenschaftlichen Fortschritt und an so manche Aussagen, die uns "wichtige" Menschen über die Medien zu vermitteln suchen. Mein Leben verlief in "festen Bahnen", aber nicht zu meinem Besten. Dann traf mich wie aus heiterem Himmel ein Ereignis, das mich wortwörtlich aus der Spur warf. Die damit verbundene Erfahrung ermöglichte mir zum ersten Mal einen Blick in eine Welt, die mit meiner bisherigen Vorstellung von der Realität ganz und gar nicht übereinstimmte.

*Ich träumte von Prinzessin Diana!*

Nun kann ich mir gut vorstellen, dass du jetzt gedanklich abwinkst, weil ein Traum von einer Person, die im Zentrum der allgemeinen Aufmerksamkeit steht bzw. stand, wohl nichts Besonderes sein dürfte. Jedoch war der Tod von Prinzessin Diana, wie du dich vielleicht erinnern kannst, alles andere als normal. So mysteriös wie ihr Tod war auch mein Traum.

Es war, wie es immer so bei Träumen ist, wenn ein Geschehen abläuft, auf das man keinen Einfluss hat. An was ich mich noch gut erinnern kann; ich stand in einem langen Flur in einem Bürogebäude. Das war so ein modernes Glasgebäude in Kastenform mit mehreren Stockwerken. Ich kann nicht sagen, wie ich auf diese Sichtweise kam, aber in Träumen ist es ja bisweilen so, dass man etwas weiß, ohne es gesehen zu haben. Ich wusste nicht, was ich dort sollte, bis ich plötzlich vom anderen Ende des Flures jemanden kommen sah. Unvermittelt, ohne das mir bewusst geworden wäre, wie ich dort hinkam, stand ich nun direkt vor der Person und erkannte in ihr Prinzessin Diana, die mit angstvoll aufgerissenen Augen geradezu panisch an mir vorbeirannte und mich augenscheinlich gar nicht wahrnahm. Ich blickte ihr nach und rätselte, was das alles sollte und vor wem oder was sie da weglief. Der Flur führte an einer langen Fensterfront entlang und auf der gegenüberliegenden Seite befanden sich zahlreiche Bürotüren. Völlig außer Atem blieb Diana mitten im Flur stehen und schaute sich hektisch um. Nacheinander versuchte Diana eine der Bürotüren zu öffnen, was aber misslang, weil alle verschlossen waren. Am gegenüberliegenden Ende des Flures gab es eine Durchgangstür mit einem Glasteil über deren Sturz ein grünes Fluchtwegschild leuchtete. Diana rannte zu dieser Tür und stellte verzweifelt fest, dass auch sie verschlossen war. Ich stand nun immer noch am anderen Ende des Flures an jener Tür, die den Flur vom Treppenaufgang und dem Fahrstuhl trennte, und war mir immer noch nicht im Klaren, was hier eigentlich los war. Das sollte sich schnell ändern, denn ich hörte aus dem Treppenaufgang Geräusche, die von Gestalten herrührten, welche schnellen Schrittes nun den Etagenflur erreicht hatten. Sie stürmten durch die Tür und erblickten Diana am anderen Ende des Flures. Ihre Gesichter konnte ich nicht erkennen, denn sie steckten in langen schwarzen Kapuzenroben und hatten die Kapuzen über ihre Köpfe gezogen. Auch sie bemerkten mich nicht und so langsam dämmerte mir, dass ich nur ein Beobachter war. Als Diana ihre Verfolger erblickte, sah ich die Panik in ihrem Gesicht. Ich konnte erkennen, dass sie sich darüber bewusst war, dass sie in der Falle saß. In Ihrer Verzweiflung öffnete Diana das Fenster, welches sich direkt neben der Fluchttür befand, und sprang hinaus. Diese Situation war so schauerlich grotesk, dass ich einen Moment wie vom Donner gerührt stehen blieb. Dann stürzte ich zum ersten Fenster, das mir am nächsten war und schaute nach unten. Hierbei muss ich sagen, dass ich das Fenster nicht öffnete und auch nicht wusste, wie ich nach draußen gelangte, jedoch hatte ich einen direkten Blick nach unten und schwebte über der Situation. Dort, acht Etagen unter mir, lag Diana mit verdrehten Gliedmaßen in einer Blutlache und war tot.

Keuchend schreckte ich aus dem Traum hoch, denn dieses Erlebnis war wie ein Schlag in mein Bewusstsein. Ich sah auf das Leuchtdisplay meines Radioweckers, es war etwa 1:30 Uhr (genau kann ich das nicht mehr bestimmen). Ich empfand diese Traumerfahrung als einen Albtraum, maß ihm aber zunächst keine Bedeutung bei und schlief nach einiger Zeit wieder ein.

Am Morgen, als meine Familie und ich beim Frühstück die Radionachrichten hörten, wurde gemeldet, dass Diana in der vergangenen Nacht bei einem

Verkehrsunfall in Paris ums Leben gekommen wäre. Diese Nachricht überraschte mich zum einen, zum anderen auch nicht. Es war als hätte ich auf meine Weise diesen Tod miterlebt.

*Welchen Einfluss hatte dieses Traumerlebnis auf mein weiteres Leben?*

Erst einmal kam ich zu dem Schluss, dass das kein "normaler" Traum war. Es war ein Traum, der zeitgleich von einem circa 900 Kilometer entfernten Ereignis geträumt wurde, das am 31.08.1997 stattfand und mir heute noch eine Gänsehaut beschert. Für mich war es ein mentales Erdbeben. Damit bekam das Gebäude meiner ach so rationalen Sichtweise Risse, geriet etwas später ins Wanken, stürzte schließlich ein und übrig war nur noch ein Trümmerhaufen. Nach außen konnte ich diesen beginnenden Bruch in meinem Denken nicht vertreten, denn da war ich noch viel zu verunsichert. Ich steckte noch zu sehr in einem Umfeld, das aus Menschen bestand, bei denen ich wusste, dass sie mich mit ungläubigen Blicken brandmarken würden, wenn ich ihnen diese Geschichte auftischte. Aber im Stillen machte ich mir von da an meine Gedanken über viele Dinge, die ich bis dahin nicht für möglich gehalten hatte. Meine Neugier war geweckt und so machte ich mich auf, einen Blick durchs Schlüsselloch in eine mir völlig unbekannte Welt der Mysterien und Phänomene zu riskieren.

Dieses Buch ist in Text und Bild[1] ein Ausfluss meiner Erkenntnisse und meiner Kreativität. Es ist insoweit ein Sach- und Erfahrungsbuch, keine Biografie. Viele Autoren versprechen in ihren Sachbüchern, dass man nach dem Lesen derselben die Welt mit anderen Augen sehen würde. Ich vermeide solche Vermessenheit, verspreche also nichts, denn ich respektiere, dass jeder Leser sich selbst treu bleiben und jede Aussage eines Buches einer kritischen Prüfung unterziehen sollte. Ich selbst habe in den letzten Jahren sehr viele Bücher gelesen, deren Aussagen und Wertungen ich früher vehement ablehnte. Jedoch habe ich mich von meinen vormaligen oberflächlichen Betrachtungen gelöst und mir eine Essenz neuen Wissens zu eigen gemacht. Dieses Wissen entstand dadurch, dass ich sehr viele Aussagen mit Selbstversuchen nachvollzogen habe. So konnte ich mir früher nicht vorstellen, dass das Bewusstsein außerhalb des Körpers[2] existieren kann. Dann fiel mir das Buch "Praxis der außerkörperlichen Erfahrung"[3] in die Hände, in welchem der Autor *Robert Peterson* seine Erfahrungen und Methoden beschrieb, wie man in eine *Außerkörperlichkeit* gelangen kann. In vielen Nächten versuchte ich, es mittels

---

[1] Sämtliche Kapitel-Illustrationen, Fotos und Abbildungen, mit Ausnahme der Cover-Illustration, sind meine eigenen Kreationen.

[2] Man nennt dieses Phänomen *Außerkörperliche Erfahrung (AKE).* Die Außerkörperliche Erfahrung ist ein Erlebnis, bei dem sich das Bewusstsein zeitweise außerhalb des eigenen Körpers befindet, jedoch weiter mit ihm verbunden bleibt.

[3] Robert Peterson: Praxis der außerkörperlichen Erfahrung, 3. Auflage, Omega Verlag Aachen

der beschriebenen Schritte nachzumachen, was mir aber nicht gelang. Frustriert von diesen misslungenen Versuchen hatte ich das Thema bereits als Humbug verworfen, da geschah es eines frühen Morgens, dass mein Bewusstsein aus dem Körper "geschleudert" wurde (was da geschah, wird unter anderem in diesem Buch beschrieben). Die wichtigste Erkenntnis aus diesem Erlebnis war für mich, dass ich durch mein vorher ablehnendes Denken bestimmte Möglichkeiten ausschloss, die sich im Nachhinein als real herausstellten. Dadurch erkannte ich, dass ich mein Denken durch vorgeprägte Muster der Ablehnung und des Unwissens selbst einschränkte. Es war also an der Zeit, dass ich die Schlösser meines selbst gebauten "Gedankengefängnisses" sprengte. Es galt daher, die Methodik im eigenen Denken zu ändern. So wurde aus Ablehnung Neugierde, aus Neugierde wurde Glauben und aus Glauben wurde Wissen. Ich bin mir das beste Beispiel, dass sich ein Leben durch Änderung des eigenen Denkens äußerst positiv verändern kann. Jeder kann das. Es ist kein "Zufall", dass du dieses Buch nun in den Händen hältst. Es gibt im Leben keine Zufälle! Ich möchte dich animieren, über die Dinge des Lebens und somit über dich nachzudenken. Vielleicht kann ich dir einen „Ach-so-habe-ich-das-noch-gar-nicht-gesehen-Ausruf“ entlocken und damit einen Anstoß geben, dein eigenes "Gedankengefängnis", welches ich "Denkbox" nenne, zu verlassen.

## Kapitel 1 - Was ist eine Denkbox?

Kennst du den Song *Living in a Box* von der gleichnamigen Gruppe? Meine Altersgruppe und die in den 1970er Jahren Geborenen werden diesen Song noch nachsingen können, weil sich der Text und die Melodie im Gehirn festsetzen, was aus den ständigen Wiederholungen bestimmter Wortkombinationen herrührt. Wenn du in den 1980er Jahren geboren wurdest, wirst du ihn wohl nicht kennen. Denn dann hattest du für derartige Hits als Kleinkind naturgemäß kein Ohr und in den Folgejahrzehnten wurde der Song allenfalls als Oldie in den Radiostationen eher selten gespielt. Wenn er dich interessieren sollte, dann gib doch mal bei Google die Stichwörter *Living in a Box* und *Video* ein. Der Text ist ziemlich simpel aber der direkte Vergleich zum eingeschränkten, fest strukturierten Denken der Menschen ist sehr treffend und wurde mir durch den Song zum ersten Mal bewusst, als ich mir die Mühe machte, den Text zu übersetzen. Hier nun links der Originaltext und rechts meine Übersetzung:

Strukturiertes Denken

1. Strophe
Woke up this morning
Closed in on all sides
Nothing doing
I feel resistance
As I open my eyes
Someone's fooling

I've found a way to break
Through this cellophane line

Cause I know what's going on
In my own mind

Refrain:
Am I living in a box
Am I living in a cardboard box

1. Strophe
Als ich heute Morgen aufwachte
War es von allen Seiten geschlossen
Da war nichts zu machen
Ich fühle Widerstand
Als ich meine Augen öffne
Merke ich, dass mich da Jemand täuscht
Ich habe einen Weg gefunden um aus dieser Zellophan Begrenzung auszubrechen
Weil ich weiß, was los ist
In meinen eigenen Geist

Refrain:
Lebe ich in einer Box
Lebe ich in einem Karton

Am I living in a box
Am I living in a cardboard box
Am I living in a box

2. Strophe
Life goes in circles
Around and around circulation
I sometimes wonder
What's moving underground
I'm escaping
I've found a way ...
I've found a way ...

Refrain ...
Am I living in a cardboard box
Am I living in a box (living)
Am I living in a cardboard box
Am I living in a box (living)
Am I living in a cardboard box
Am I living in a box (living)
Am I living in a cardboard box
Am I living am I living am I living
Am I living am I living am I living
(In a box)

Lebe ich in einer Box
Lebe ich in einem Karton
Lebe ich lebe in einer Box

2. Strophe
Das Leben dreht sich in Kreisen
Runde um Runde in Rotation
Ich frage mich manchmal
Was sich da im Geheimen bewegt
Ich bin entkommen
Ich habe einen Weg gefunden ...
Ich habe einen Weg gefunden ...

Refrain:
Lebe ich in einem Karton
Lebe ich in einer Box (lebe)
Lebe ich in einem Karton
Lebe ich in einer Box (lebe)
Lebe ich in einem Karton
Lebe ich in einer Box (lebe)
Lebe ich in einem Karton
Lebe ich lebe ich lebe ich
Lebe ich lebe ich lebe ich
(In einer Box)

Die Zeilen des Refrains könnte man jeweils mit Fragezeichen versehen, was die Aussage noch verdeutlichen würde, dass man sich über sein Leben in seiner Box noch nicht mal bewusst ist. Wer nun das Video gesehen hat oder es sich gerade anschaut, wird ihm einige schön plastisch erscheinende Anspielungen entnehmen können. Wenn der Sänger mit einem über den Kopf gestülpten Pappkarton in einem großen leeren, weißen Zimmer steht, so ist die daraus zu ziehende Botschaft mehr als deutlich: *Begrenztheit, Blindheit, Leere*. Wohlgemerkt; mit einem über den Kopf gestülpten Pappkarton ist man nicht völlig blind. Von unten kommt ein wenig Licht durch und man kann sehr schön im Inneren die Pappwände betrachten.

Nun wirst du vielleicht denken, dass das nicht gerade einen freien Blick auf die Umgebung gewährt, was ja wohl logisch ist, wenn man sich einen Pappkarton über dem Kopf gezogen hat. Du wirst dich fragen: *Was hat das alles mit mir zu tun?* Ich werde mich nun wahrscheinlich bei dir unbeliebt machen, denn ich sage dir:

*Du sitzt in deiner eigenen Box und bist damit genauso blind wie der Sänger, der sich in dem Video einen Pappkarton über den Kopf gezogen hat!*

Sicher gibt es Ausnahmen, denn unter den Lesern werden auch solche sein, die ihre Box bereits verlassen haben. Es liegt mir auch fern, irgendjemanden zu beleidigen.

Ich werde gleich erläutern, warum ich diese provokative These aufstelle. Zunächst muss ich etwas relativieren. Das Bild in dem Video von *Living in the Box* ist etwas unvollständig, wenn man nur den über den Kopf gezogenen Pappkarton betrachtet. Diese Boxen - ich nenne sie *Denkboxen* - sind nämlich von Mensch zu Mensch sehr unterschiedlich. Die Grenzen der *Denkboxen* sind nicht statisch, sondern können sich weiter ausdehnen. So ist deine *Denkbox*, die man aus deiner Sicht der Dinge projizieren kann, vielleicht größer, vielleicht sogar so groß, dass du in ihr aufrecht stehen oder gar ein paar Meter laufen kannst. Das ändert aber nicht viel, denn auch diese - *deine* - Sicht ist beschränkt und findet ihre Grenzen an den "Pappkartonwänden" deiner *Denkbox*. Bitte sieh dieses Bild symbolisch. Du kannst auch nichts dafür, du warst dir darüber bisher nicht bewusst. Das ist überhaupt das größte Problem der meisten Menschen, nämlich, dass sie sich gedanklich ausschließlich in ihrer *Denkbox* aufhalten, ohne sich darüber bewusst zu sein. Sie meinen, dass alles darin *die* Realität wäre. Je nach Wissensstand des einzelnen Boxbewohners kann diese Box größer oder kleiner sein. Sie ist jedoch in jedem Falle begrenzt (es ist und bleibt eine Box), weil sich ihr Bewohner diese "Pappkartonwände" durch seine eingeschränkte Sicht der Dinge selbst gebaut hat und tunlichst darauf achtet, dass auch nicht das kleinste Ding von außen eindringt, was da nicht hineingehört.

Das ist ein treffender Anknüpfungspunkt, um mit folgender Aussage zum eigentlichen Kern des Themas zu kommen:
Wenn es ein *Innen* gibt, so muss es auch ein *Außen* geben! Das bedeutet: Es gibt da Dinge außerhalb deiner *Denkbox*, von denen du keine Ahnung hast oder deren Existenz du ausschließt, da sie nicht deinem *Denkboxwissen* entsprechen.

Diese Aussage mag für dich jetzt verwirrend sein, denn da gibt es für dich keinen Unterschied, dein *Innen* ist dein Kosmos innerhalb deiner *Denkbox* und es ist gleichzeitig dein *Außen*, denn deine Sicht der Dinge ist deiner Ansicht nach ja komplett, sodass für dich die "Pappkartonwände" gar nicht existieren.

Da ich früher auch in meiner *Denkbox* saß, kann ich diese (deine) Betrachtung sehr gut nachvollziehen. Man weiß zwar nicht alles, fühlt sich aber so gebildet, dass man sich über Dinge, die man nicht kennt, informieren kann. Da gibt es im Internet und im Buchhandel unerschöpflich viele Quellen. Da gibt es für jedes Gebiet Experten, die in Büchern und Filmen alles erklären können. Und diese Erklärungen sind meist sehr fundiert und logisch. Alles, was sich als Frage stellen könnte, wird irgendwie beantwortet und erklärt. Da ist zum Beispiel die Erklärung, dass das Universum durch den Urknall entstanden ist. Die Urknalltheorie entspringt der wissenschaftlichen Lehre genauso wie die Theorie über die Entstehung unserer Sonne und der Erde. Für viele Menschen ist aufgrund dieser wissenschaftlichen Erklärungen auch klar, dass sich der Mensch in einer Millionen Jahre dauernden Evolution auf der Erde aus einem primitiven Einzeller zu einem aufrecht gehenden denkenden Wesen mit einem eigenen Bewusstsein entwickelte. Völlig anders sehen dies für gewöhnlich religiöse Menschen, denn Gott ist nach ihrer Ansicht derjenige, der alles was ist, erschuf.
Anhand dieser Beispiele von unterschiedlichen Ansichten zur Entstehung des

Universums, der Sonne, der Erde und des Menschen ist zu erkennen, dass bisweilen auch Meinungen aufeinanderprallen und sich Meinungslager bilden. Allerdings ist diesen Meinungslagern allen gemein, dass sie von ihrem jeweiligen Standpunkt aus glauben, Recht zu haben. Diese Gebilde von Meinungslagern nenne ich *thematische Denkboxen,* die dogmatische Denkweisen manifestieren, welche andere Möglichkeiten der Betrachtung eines Themas völlig ausschließen. Dieses Denken nennt man Schwarz-Weiß-Denken. Es gibt dabei nur Schwarz oder Weiß; Graustufen zwischen den beiden Farben werden völlig ausgeblendet.

*Wie kommt man nun dahin, das eigene "Schwarz-Weiß-Denken" aufzulösen?*

Um diese Frage zu beantworten, möchte ich dich zum Nachdenken darüber animieren, ob deine eigene Sichtweise auf die Dinge deshalb unvollständig und damit falsch sein könnte, weil dir ein unvollständiges, statisches Denken anerzogen wurde. Die Grundlagen deines Denkens basieren vielleicht auf starren Glaubenssystemen, die einen Blick über den Tellerrand gar nicht zulassen. Nehmen wir zum Beispiel mal die heutige *Wissenschaft*, die mit ihren Darstellungen einen großen Teil deines Wissens ausmacht. Du hast in der Schule den Lehrstoff gelernt, der auf Grund wissenschaftlicher Betrachtungen in die Schulbücher aufgenommen wurde. Das hat sich vielleicht in einem Studium fortgesetzt. All das, was du da lerntest, stellt heute den Fundus dar, auf dem sich dein Wissen und deine Überzeugung gründen. Was ist jedoch *die Wissenschaft*, die so einen großen Einfluss auf dein Leben hat? Die *Wissenschaft* ist laut *Wikipedia* die Erweiterung des Wissens durch Forschung, seine Weitergabe durch Lehre, der gesellschaftliche, historische und institutionelle Rahmen, in dem dies organisiert betrieben wird, sowie die Gesamtheit des so erworbenen Wissens.[4] Interessant an dieser Definition ist, dass hier zum einen von Erweiterung des Wissens und zum anderen von einem gesellschaftlichen, historischen und institutionellen Rahmen gesprochen wird. Die *Wissenschaft* dient also der Erweiterung des Wissens, was als Kernaussage meines Erachtens nach völlig ausreicht. Jedoch wird sie nach dieser Definition innerhalb eines gesellschaftlichen, historischen und institutionellen Rahmens organisiert betrieben, was einen unlogischen Bruch zum eigentlichen Anliegen, der Wissenserweiterung darstellt. Ein Rahmen definiert nun wieder Grenzen oder Mauern. Und wenn sich die Wissenschaft bei ihrem Streben nach Wissenserweiterung innerhalb von Grenzen bewegt, so behindert sie sich selbst. Der Rahmen, der "institutionell" gesetzt wird, verhindert, dass Wissen unbefangen erweitert werden kann. So stoßen wir mit diesem Rahmen wieder auf vorgegebene Betrachtungen, die ihren Ausfluss in den von der *Wissenschaft* aufgestellten Naturgesetzen und philosophischen Darstellungen findet.

Und so sind es diese vorgegebenen Betrachtungen der *Wissenschaft*, die die Menschen über das Schulwissen, das Studium und im täglichen Leben über die Verbreitung durch Bücher, Filme, das Internet und die Massenmedien als zutreffend angenommen haben und die sie in ihren *Denkboxen* verharren lassen. Wohlgemerkt; vieles, was wissenschaftlich gelehrt wird, ist zutreffend und richtig, jedoch ist es die

---

[4] vgl. http://de.wikipedia.org/wiki/Wissenschaft

Herangehensweise der *Wissenschaft* an die Wissenserweiterung, die meines Erachtens kritisch zu betrachten ist.

In diesem Zusammenhang stellt sich die Frage: *Was ist real?*

Ist dies etwa nur das, was wir mit unseren fünf Sinnen, bisweilen mit Hilfsmitteln wie Mikroskopen und Ähnlichem, wahrnehmen und die Wissenschaftler in Experimenten beweisen können? Oder ist es einfach das, was gegeben ist, unabhängig davon, ob wir uns darüber bewusst sind oder nicht? Würde man der Annahme folgen, dass nur die gegebenen Erkenntnisse der heutigen *Wissenschaft* unser Wissen schafft - ein Wortspiel mit einem tieferen Sinn - dann wären wir noch immer bei einem Wissensstand von längst vergangenen Zeiten. Gott sei Dank gab es und gibt es Wissenschaftler, die sich über den jeweils bestehenden Rahmen wissenschaftlichen Forschungsstandes hinwegsetzen und mit ihrem Pioniergeist und ihren Forschungen völlig neue Einsichten in die *Wissenschaft* einfließen lassen. Wie wäre es aber, wenn alle Wissenschaftler in ihren *Denkboxen* verharren und nur das Lehren würden, was ihrem derzeitigen Kenntnisstand entspricht? Stillstand wäre die Folge. Wir wären mit unserem Wissensstand in der Vergangenheit stehen geblieben und das wäre eine sehr entmutigende Vorstellung. Wenn man sich die geschichtlichen Überlieferungen längst vergangener Epochen anschaut, so hat man die Dinge früher in vielerlei Hinsicht völlig anders gesehen als heute, obwohl sie objektiv betrachtet existierten, wenn auch nicht im Bewusstsein der Menschen. Ich möchte da ein Beispiel nennen. Im Mittelalter hätte man für die Behauptung, es gäbe noch kleinere Organismen, als solche, die mit dem bloßen menschlichen Auge sichtbar sind, nur ein verständnisloses Kopfschütteln geerntet. Damals existierten im Bewusstsein der Menschen keine *Bakterien*, obwohl wir heute wissen, dass ein Mensch aus etwa zehn Billionen Zellen besteht und sich im menschlichen Organismus etwa zehnmal so viele *Bakterien* befinden. Das war auch im Mittelalter schon so, nur hätte man eine solche Sichtweise damals vehement abgelehnt, weil man es eben nicht besser wusste. Es ist also immer die Sicht der Dinge die die Maßstäbe setzt.
Wir neigen auf Grund unseres Wissens, das wir über die Schule, das Internet, die Bücher und die Medien vermittelt bekommen haben, dazu, Sichtweisen von vornherein auszuschließen, welche nicht in das Raster der allgemein anerkannten Betrachtungen passen!

Es ist unser vorgeprägtes Wissen, dass unsere Betrachtungen bestimmt. Die Menschen können die *Realität* niemals genau kennen. Wenn wir irgendetwas untersuchen, dann bekommen wir immer nur Antworten auf Fragen, die wir stellen, und diese Antworten wiederum basieren auf den Fähigkeiten und der Beschränktheit unseres Denkens. Alles was wir bei unseren Untersuchungen wahrnehmen, sei es nun mit unseren Sinnen oder durch moderne Messgeräte, passiert den Filter unseres Bewusstseins und wird von unserem Verstand bestimmt. Was wir also wahrnehmen, ist nichts anderes als ein Wechselspiel zwischen unserem Bewusstsein und dem, was außerhalb unseres Verstandes wirklich abläuft. Was wir bei unseren Untersuchungen entdecken, ist immer nur ein eingeschränktes

Bild der *Realität*, das von unserem Verstand quasi gefiltert wurde. Am besten lässt sich das mit einem Foto von einer Landschaft vergleichen, die wir auf einer Urlaubsreise gesehen haben. Wenn ich beispielsweise eine schöne alte Burg fotografiere, so beschränkt sich das Foto nur auf die Perspektive, aus der ich sie fotografiert habe und es zeigt auch nur einen Ausschnitt. Wenn ich nach meiner Urlaubsreise das Foto meinen Freunden zeige, dann sehen sie nur diesen Ausschnitt. Was ich jedoch vor Ort mit meinen eigenen Augen wahrnahm, war viel mehr, als das, was die Kamera erfasste und was nun das Foto wiedergibt. In meiner Erinnerung waren da links und rechts neben der Burg Felsen, die jetzt auf dem Foto gar nicht erscheinen, weil das Kameraobjektiv sie wegen seines beschränkten Winkels nicht zusammen mit der Burg erfassen konnte. Unser Verstand ist im Hinblick auf die *Realität* also wie ein Kameraobjektiv; er spiegelt nur einen eingeschränkten Ausschnitt derselben wieder. Mit anderen Worten, unser Bewusstsein liefert nur ein beschränktes Modell der *Realität* und zeigt niemals die Realität in ihrer gesamten, unfassbaren Komplexität selbst. Was da außerhalb unseres Verstandes auf den verschiedenen Ebenen abläuft, ist viel mehr, als wir wahrnehmen und es existiert, ob wir uns dessen nun bewusst sind oder nicht.

Daraus ergibt sich folgende Schlussfolgerung: *Wenn wir Menschen von vornherein etwas als unreal ausschließen, dann könnte es durchaus sein, dass unser Bewusstsein uns selbst ein Schnippchen schlägt und das vermeintlich Unreale in Wirklichkeit real ist!* In einem solchen Fall würden wir uns durch unseren Verstand in unseren Möglichkeiten, die Dinge noch tiefgründiger zu betrachten, nur selbst beschränken!
Der Mensch, der in seiner *Denkbox* verharrt, ist ein Skeptiker und Zweifler und er will alles bewiesen haben, um es zu glauben! Indem er aber seinen Glauben derart einschränkt, beraubt er sich seiner Potentiale und Möglichkeiten und der Mensch hat viel mehr davon, als ihm bewusst ist. In dieser Hinsicht kann man sogar sagen: Unsere Möglichkeiten sind unbegrenzt!

Und so möchte ich dich animieren, ein imaginäres Fenster in deiner *Denkbox* zu suchen und einen Blick nach draußen zu riskieren. So kannst du plötzlich Dinge wahrnehmen, die dich staunen lassen. Dann willst du plötzlich mehr erfahren und suchst nach einem Ausgang aus deiner Box. Wenn du aus ihr herausgekommen bist, wird sich auch deine Perspektive wandeln, denn plötzlich gehörst du zu denjenigen, die viele andere Boxen mit darin verharrenden Menschen wahrnehmen. Und du wirst an dein eigenes früheres *Boxenbewusstsein* denken und froh sein, dass du deine *Denkbox* verlassen hast.

## Kapitel 2 - Der Tod ist nicht das Ende

Du wirst dir sicher schon einmal die Frage gestellt haben: *Was passiert, wenn mein Körper stirbt?* Oder noch einfacher: *Was passiert, wenn ich sterbe?* Wenn du über diese Frage nachdenkst, wird es dir vielleicht unbehaglich zumute, denn der Tod ist ein Thema, mit dem du dich nicht gerne befassen magst. Du hast für dich bereits den Schluss gezogen, dass du nur dieses eine Leben hast? Wenn es vorbei ist, ist es vorbei! Die Medien sagen es, die Wissenschaftler sagen es, deine Eltern sagen es, alle sagen es. Du hast ein Erlebnis auf dem Friedhof vor Augen; ein Begräbnis, bei dem einer deiner Lieben in einem Sarg in die Grube herabgelassen wurde. Daher magst du über das Thema Tod nicht gerne nachdenken.

Licht am Ende des Tunnels

Möglicherweise ist es für dich aber auch gar kein Problem. Denn du bist gläubig; besser gesagt, du glaubst an ein "Leben nach dem Tode". Jedoch bleiben letzte Zweifel; denn Glauben ist nicht Wissen! Aber wer kann schon wissen, dass es ein Leben nach dem Tode gibt? *Niemand!*, wirst du jetzt vielleicht denken. Bisweilen hört man auch den Spruch: *"Zurückgekommen ist noch keiner!"*

Jedoch gibt es sie; Menschen, die wissen, dass der Tod im eigentlichen Sinne nicht existiert. Es sind Menschen, die die Schwelle vom Leben zum Tode überschritten; jedoch aus Gründen, die manche Ärzte als "Wunder" bezeichnen würden, wieder ins Leben zurückkehrten. Die Betroffenen waren dem Tode nahe, so dass die Erlebnisse, die sie während der Todesnähe erfuhren, *Nahtoderlebnisse* genannt werden. Menschen, die ein Nahtoderlebnis hatten, schildern, dass sich ihr Bewusstsein im Moment eines extremen Vorfalles, der sie an den Rand des Todes führte, vom Körper löste und sie die Situation wie ein unbeteiligter Dritter von oben beobachteten. Dieses Phänomen nennt man *Außerkörperlichkeit*. So dann wurden sie von einem Licht angezogen, das sie durch ein tunnelförmiges Gebilde anstrahlte. Der sogenannte *Tunnelflug* ist eines der wesentlichen Merkmale eines *Nahtoderlebnisses*, das neben der *Außerkörperlichkeit* von vielen Betroffenen übereinstimmend geschildert wird. Danach teilen sich die Schilderungen. Manche berichten von einer Begegnung mit einem Lichtwesen, welches eine Lebensrückschau initiiert, anlässlich derer das ganze Leben in kürzester "Zeit" noch einmal mit allen Einzelheiten abläuft. Andere erzählen nach ihrer Rückkehr ins Leben von ihrer Begegnung mit verstorbenen Freunden und Verwandten. Schlussendlich werden alle Betroffenen wieder ins Leben zurückgeschickt und dies geschieht in den meisten Fällen sogar gegen ihren Willen. Dies deshalb, weil sie in den Momenten ihres Jenseitserlebnisses eine allumfassende Liebe spüren, aller Lasten und Schmerzen des irdischen Lebens ledig geworden sind und im Jenseits ihre eigentliche Heimat sehen, von der sie einst durch Inkarnation in einen menschlichen Körper ins Diesseits wechselten. Ihre Rückkehr ist ernüchternd und schmerzhaft, jedoch werden sie das Erlebte niemals vergessen. Für sie ist der Tod nicht mehr existent.

*Sylvia Browne*, ein bekanntes amerikanisches Medium[5], beschreibt in ihrem Kompendium: *Phänomene - Die Welt des Übersinnlichen aus medialer Sicht,* ihr eigenes Nahtoderlebnis wie folgt:

*"Ich war 42 und unterzog mich einer großen Operation. Es gab katastrophale postoperative Komplikationen, was soweit ging, dass meine Familie und gute Freunde rund um die Uhr an meinem Krankenhausbett wachten. Vier oder fünf von ihnen waren dabei, als meine Körpertemperatur plötzlich absackte, mein Herz aufhörte zu schlagen und ich gemäß den physiologischen Definitionen gleich welchen medizinischen Lexikons einfach tot war.*
*Ich habe schon des Öfteren über andere Nahtod-Überlebende gesprochen, die fasziniert feststellten, dass sie ihren Körper verlassen hatten, über ihm schwebten und alles mithörten, was die im Raum Anwesenden sagten und taten. ... Mich dagegen interessierte das Geschwebe überhaupt nicht. Ich saß vielmehr in den Startlöchern, um möglichst schnell wegzukommen. ... Ich weiß noch ganz genau, dass ich bei meinem Trip durch den Tunnel dachte, dass ich mich sogar am besten, glücklichsten, gesündesten Tag meines soeben beendeten Daseins nicht so lebendig gefühlt hatte, wie jetzt, wo ich tot war. Endlich war ich diesen lästigen, beschwerlichen Körper los, der im wahrsten Sinne des Wortes den Geist aufgegeben hatte und den ich jetzt nicht mehr brauchte. Ich blühte auf, ich war frei, ich war froh, und ohne einen bewussten Gedanken daran zu verschwenden, war mir klar, dass alles, um das ich mir hier Sorgen gemacht hatte, vollkommen war - es war genau so, wie es sein sollte. Zu keinem Zeitpunkt wunderte ich mich*

[5] Mediale Menschen sehen und hören Geister, die aus dem Jenseits Kontakt mit ihren lebenden Verwandten oder Freunden aufnehmen wollen. Bei sogenannten Channelings stellen die Medialen den Kontakt zwischen den Verstorbenen und den Lebenden her.

*über die Ewigkeit. Ich war erfüllt von dem friedvollen Wissen, dass sie existiert und die mir lieben Menschen in null Komma nichts wieder mit mir zusammen sein würden. Ich hatte nicht das Gefühl, ein Leben hinter mir zu lassen. Mit prickelnder Begeisterung sah ich der Rückkehr in ein Dasein entgegen, das mir unendliche Freude bescheren würde.*
*Vor mir erschien das legendäre weiße Licht. Sein Glanz ist heilig, und seine durchdringende, mich freundlich begrüßende Reinheit enthält alle Weisheit, die je war und je sein wird.*
*In die große Öffnung am Ende des Tunnels trat eine Gestalt. Zuerst war es nur ein Umriss, der sich vor dem strahlenden Licht abhob. Als ich näher heran kam, erkannte ich die Gesichtszüge meiner geliebten Oma Ada. Sie war in die Heimat gegangen, als ich 18 war, und seitdem hatte ich sie jeden Tag und jede Minute vermisst. Ich rief froh ihren Namen, ohne dass aus meinem Mund tatsächlich ein Ton herauskam. Mit unbeschreiblicher Liebe erwiderte sie mein Lächeln. Hinter ihr konnte ich durch die Öffnung am Ende des Tunnels eine blumenübersäte Wiese sehen. Die Farben waren tausendmal satter und herrlicher als auf der Erde.*
*Und dann passierten zwei Dinge gleichzeitig.*
*Ich strecke Oma Ada meine Hand entgegen, und auch sie hielt mir die Hand hin. Aber die Finger zeigten nach oben, die Handfläche war auf mich gerichtet: Diese Geste bedeutete: »Stopp!« Ich streckte ihr weiter die Hand entgegen; ich konnte aber oder wollte sie nicht verstehen, fast berührte ich sie ...*
*Im selben Augenblick hörte ich ganz deutlich die ferne Stimme einer Freundin, die neben meinem Krankenhausbett stand, als ich 'abgetreten' war."*[6]

Wenn man den Bericht von *Sylvia Browne* betrachtet, dann wundert es vielleicht, wie salopp sie ihr *Nahtoderlebnis* beschreibt. Jedoch war sie als Medium zum Zeitpunkt dieses Erlebnisses bereits in dem Bewusstsein, dass man nicht sterben kann. Dies ist ein großer Vorteil gegenüber denjenigen, die mit übersinnlichen Dingen noch nie etwas zu tun hatten und die den Tod als etwas Endgültiges und Furchterregendes ansehen.

So fand auch ich früher die Vorstellung, dass mit dem Tod "der Lichtschalter ausgeknipst wird" und mein Bewusstsein einfach und auf immer weg ist, erschreckend. Mittlerweile denke ich dank der zahlreichen Nahtodberichte anders. Ausgehend vom Literaturstudium in *Dr. Walter von Lucadou: Dimension PSI* und *Dr. Raymond A. Moody: Das Licht von drüben* und der eben zitierten *Sylvia Browne,* verbunden mit geschilderten Nahtoderlebnissen aus meinem Bekanntenkreis habe ich im Hinblick auf die These, dass das Bewusstsein (der Geist, die Seele) unabhängig vom physischen Körper (fort)existiert, keinen

[6] Sylvia Browne: Phänomene - Die Welt des Übersinnlichen aus medialer Sicht, 1. Auflage, Wilhelm Goldmann Verlag München, S. 290 ff.

Zweifel mehr.

Viele Wissenschaftler haben sich schon mit dem Phänomen Nahtoderlebnis beschäftigt. Hier gibt es durchaus kontroverse Ansichten. Viele Mediziner verfechten verbissen die Ansicht, dass das Bewusstsein nur zusammen mit dem Körper existiert. Die Nahtodberichte tausender Betroffener, die vor allem von solchen Wissenschaftlern wie *Dr. Raymond A. Moody*[7] und *Kenneth Ring*[8] dokumentiert wurden, werden mit allen möglichen Argumenten als Restwahrnehmungen in Grenzfällen deklassiert. So wurde zum Beispiel von *Susan Blackmore*[9] unter anderem argumentiert, dass Sauerstoffmangel im Gehirn dazu führen würde, dass die für eine *Nahtoderfahrung* typischen Merkmale wie das Schweben über dem Körper, die Tunnelerfahrung, das Begegnen verstorbener Verwandter usw. auftreten. Dies sei einzig und allein ein Ergebnis dieser Unterversorgung des Gehirns mit Sauerstoff. Diese Behauptung ist aus folgenden Gründen nicht haltbar:

Die Befürworter der *Sauerstoffmangeltheorie* argumentieren, dass das Sehzentrum im Gehirn durch den Sauerstoffmangel durcheinandergerate und deshalb Fehlbilder liefere. Das beruhe darauf, dass die Gehirnaktivität von Zellen stabil gehalten werde, deren Aufgabe es sei, andere Zellen in ihrer Aktivität zu hemmen. Fände auf Grund von Sauerstoffmangel diese Hemmung kurz vor dem Tode nicht mehr statt, käme es im Gehirn zu einem Aktivitätsüberschuss, der die bekannten Sinnestäuschungen, wie den Tunnel zum Licht hervorbringe. Mithin wird bei dieser Theorie davon ausgegangen, dass es eine Gehirnaktivität gibt, die aber durch Sauerstoffmangel aus dem Ruder läuft. Die Theorie beantwortet aber nicht die Frage, was sich in den Situationen abspielt, wenn bei einem Patienten keine Hirnströme mehr gemessen werden, selbiger aber gleichwohl wieder reanimiert wird. Der Betroffene hat trotzdem ein Nahtoderlebnis, das exakt in die Zeit der totalen Inaktivität seines Gehirns fällt. Derartige Beispiele wurden in einer großen Zahl dokumentiert. Hier muss man wohl sagen, dass die *Sauerstoffmangeltheorie* nicht plausibel ist. Im Übrigen ist es Medizinern, wie dem Kardiologen *Dr. Michael Sabom*[10], gelungen, genau in dem Moment, als der

---

[7] Prof. Dr. Raymond A. Moody ist ein US-amerikanischer Psychiater und Philosoph, der sich seit über 40 Jahren mit der Erforschung von Nahtoderlebnissen befasst und bereits diverse Bücher über dieses Thema schrieb.

[8] Prof. Kenneth Ring ist ein US-amerikanischer Psychologe, der auf Grund der Faszination beim Studium der Werke von Prof. Dr. Moody selbst damit anfing, das Phänomen Nahtod zu erforschen.

[9] Prof. Dr. Susan Blackmore ist eine britische Psychologin und Physiologin, die zunächst in Nahtoderlebnissen einen Beweis für die Fortexistenz des menschlichen Bewusstseins nach dem Tode sah. Später revidierte sie diese Theorie und vertritt nunmehr eine Gegentheorie, nämlich dass allein Sauerstoffmangel im Gehirn die Ursache jeder Nahtoderfahrung sei.

[10] Dr. Michael Sabom ist ein US-amerikanischer Kardiologe, der sich der Erforschung von Todesnäheerfahrungen widmet.

Patient ein Nahtoderlebnis hatte, den Sauerstoffgehalt des Gehirns nachzuweisen. Hierbei konnte bewiesen werden, dass der Sauerstoffgehalt des Gehirns in solchen Momenten keinesfalls niedrig, sondern im Gegenteil gegenüber dem Normalzustand erhöht war.

Es gibt eine weitere Theorie zum Sauerstoffmangel im Gehirn. Sie geht davon aus, dass aus dem Umstand, dass in der Mitte des Sehfeldes mehr Zellen zuständig sind als an dessen Rande, hergeleitet werden könne, dass das Sehen kleinerer Gegenstände in der Mitte gut funktioniere, am Rande aber nicht. Durch den Sauerstoffmangel wachse im Zentrum des Sehfeldes die Zahl der aktiven Zellen und damit der Lichtpunkte, während dies am Rande nicht passiere. Dies verstärke sich dann so, dass man glaube in einen Tunnel zu blicken. So weit so gut. Diese Theorie versagt aber kläglich bei den Menschen, deren Sehnerv völlig zerstört ist, den von Geburt an Blinden. *Dr. Walter von Lucadou* beschreibt das Erlebnis der *Vicki Umipeg*, die als von Geburt an Blinde ein Nahtoderlebnis hatte, wo sie "sehen" konnte.

*"Während sie sich außerhalb ihres Körpers, über ihrem Krankenbett schwebend erlebte, beobachtete sie nicht nur, wie sie von Ärzten und Schwestern behandelt wurde, ja, sie konnte zum ersten Mal wirklich sehen und später beschreiben, wie sie selbst aussah. Vicki ist kein Einzelfall. Es scheint sogar typisch, dass blinde Menschen in Todesnähe plötzlich visuelle Fähigkeiten zu erwerben scheinen, die ihnen ermöglichen, Vorgänge, Bilder und Handlungen exakt wiederzugeben. Manche von ihnen sehen zum ersten Mal, was um sie herum geschieht. Alle verlieren dieses »Sehvermögen« wieder, sobald sie wieder ins Leben zurückgekehrt sind."*[11]

Damit wird deutlich, dass der mit dem Gehirn verbundene Sehnerv, der Lichtreize und visuelle Wahrnehmungen erfasst, bei einem *Nahtoderlebnis* überhaupt keine Rolle spielt. Eine körperliche Reaktion auf Sauerstoffmangel scheidet daher als Ursache für visuelle Eindrücke während eines *Nahtoderlebnisses* völlig aus.

Nun komme ich zum Argument der Restwahrnehmungen der Menschen, die dem Tode nahe sind, wenn sie etwa auf dem OP-Tisch liegen oder an der Unfallstelle das Bewusstsein verloren hat. Kritiker der These vom Fortbestehen des Bewusstseins ohne Körper behaupten, dass der betroffene Mensch immer noch Reste seines Umfeldes wahrnehmen kann und dass sich diese Wahrnehmung ausgehend von der besonderen Situation der Todesnähe noch verstärkt. Hierbei wird unterstellt, dass alles was "irgendwie wahrgenommen" und später in einer Todesnäheschilderung des Patienten beschrieben wird, tatsächlich körperlich wahrgenommen wurde. Die *Außerkörperlichkeit* während der *Nahtoderfahrung*,

[11] Dr. Walter von Lucadou: Dimension PSI, 1. Auflage, List Verlag, S. 86

das heißt, wenn der Betroffene seinen Körper von außen betrachtet, als ob er ein Dritter wäre, wird insoweit als Restwahrnehmung in einer extremen Situation verklärt. Diese Annahme setzt aber voraus, dass alle Wahrnehmungen des Betroffenen direkt in seiner unmittelbaren Umgebung gemacht worden sein müssen. Diese These fällt aber wie ein Kartenhaus zusammen, wenn man die Fälle betrachtet, bei denen die Betroffenen Situationen wiedergeben, die sich eben nicht in unmittelbarer Umgebung bzw. Nähe zum Unfallort oder Operationssaal abspielten. Hier schildert *Dr. Moody* erstaunliche Begebenheiten von Patienten, die unmöglich als Restwahrnehmung gelten können. Die Betroffenen beschreiben Erlebnisse, die sich in eindeutiger räumlicher Entfernung zum Ereignisort (dem Ort an dem der leblose Körper des Patienten liegt) zutrugen. Um dies zu verdeutlichen, ist es wohl am besten, *Dr. Moody* zu zitieren:

*"Mir liegen mehrere Berichte von Menschen vor, die während der Reanimationsbemühungen ein Ausleibigkeitserlebnis hatten, bei dem sie den Operationssaal verließen, um nach ihren Verwandten in anderen Teilen des Krankenhauses Ausschau zu halten. Eine Frau, die ihren Körper verließ, begab sich ins Wartezimmer und sah, dass Ihre kleine Tochter Kleidungsstücke anhatte, deren Musterung nicht zusammenpasste. Der Grund war, das Kindermädchen hatte sich in der Eile einfach die erstbesten Stücke aus dem Schrank gegriffen, der Kleinen übergestreift und war mit ihr ins Krankenhaus geeilt. Als die Frau später ihren Angehörigen von ihrem Erlebnis erzählte und erwähnte, sie habe ihre Tochter in diesem seltsamen Aufzug gesehen, war allen klar, dass die Todkranke im Wartezimmer bei ihnen gewesen sein musste. Eine andere Frau, die ein Ausleibigkeitserlebnis hatte, verließ den Raum, indem ihr Körper wieder belebt wurde, und sah ihren Schwager in der Eingangshalle des Krankenhauses. Jemand, den er beruflich kannte, begrüßte ihn und fragte, was er hier tue. »Eigentlich hätte ich jetzt auf Reisen sein müssen«, antwortete der Schwager. »Aber es sieht so aus, als würde es mit Jane zu Ende gehen, deshalb bleibe ich lieber hier und halte mich als Sargträger bereit.«*
*Ein paar Tage später, als die Frau auf dem Wege der Besserung war, kam ihr Schwager sie besuchen. Sie erzählte ihm, sie habe sein Gespräch mit dem Bekannten miterlebt, und beseitigte jeden Zweifel daran mit den Worten: »Das nächste Mal, wenn ich sterbe, fährst du aber auf Geschäftsreise, denn mir kann es gar nicht besser gehen!« Der Schwager wurde so blass, dass sie schon fürchtete, er würde gleich selbst ein Todes-Näheerlebnis haben."*[12]

Diese geschilderten Erlebnisse sprechen eindeutig gegen die These, dass ein Mensch in einer Grenzsituation an der Schwelle zum Tode nur Restwahr-

[12] Dr. Raymond A. Moody: Das Licht von drüben - Neue Fragen und Antworten, Auflage März 2008, Rowohlt Taschenbuchverlag Hamburg, S. 29 f.

nehmungen von seiner unmittelbaren Umgebung und dies nur ausschließlich mit seinem physischen Körper, d.h. den Sinnesorganen, haben kann. Wenn, wie die oben genannten Beispiele zeigen, bestimmte Betroffene Wahrnehmungen machen können, die auf Ereignissen in deutlich räumlicher Entfernung beruhen, dann ist hieraus der Schluss zu ziehen, dass das Bewusstsein des Todesnahen in diesen Zeitabschnitten völlig losgelöst und außerhalb seines Körpers fortexistierte.

Letztlich bleibt auch auf Grund des von vielen Betroffenen geschilderten Umstandes, dass sie in den Zeitabschnitten der *Außerkörperlichkeit* keinerlei Schmerz mehr verspürten und dieser jeweils (erst) wieder eintrat, als sie sich wieder in ihrem Körper befanden, zu schlussfolgern, dass eine bloße Restwahrnehmung nicht ausgerechnet auf den Schmerz verzichtet, während der Patient überaus klar sehend und hörend das Geschehen um seine *Todesnäheerfahrung* verfolgen kann.

Um weiterhin die Frage zu erörtern, ob es ein Leben nach dem Tode gibt, sollte der in ihr enthaltene scheinbare Widerspruch geklärt werden. *Wenn man tot ist, dann kann es offensichtlich kein Leben geben.* Vielleicht überrascht es, wenn ich jetzt sage: *Das ist völlig richtig!* Ich sehe es aber in einem anderen Kontext. Denn ich bin der Auffassung, dass der "Tod" nicht existiert. Das Bewusstsein, welches mit dem Geist und der Seele gleichzusetzen ist, kann nicht sterben. Wenn etwas stirb, dann ist es unser physischer Körper. Unser Bewusstsein, der Geist, tritt dann aus dem Körper heraus und nimmt bewusst wahr, dass man gar keine Angst vor dem "Tod" haben muss, weil es ihn schlichtweg gar nicht gibt. Wieso komme ich einmal mehr zu dieser Überzeugung?

Zwischenzeitlich konnte ich noch einige erstaunliche Erlebnisberichte von Menschen, die die "andere Seite" anlässlich einer *Nahtoderfahrung* sahen, in Erfahrung bringen. Zu diesen Menschen ist zu sagen, dass sie mir persönlich bekannt sind, sie völlig unterschiedlichen Alters waren (Kinder sowie Erwachsene im jüngeren und reiferen Alter) als sie ihr spezifisches eigenes Erlebnis hatten.

Ein Bekannter berichtete mir über das Nahtoderlebnis seines damals 11-jährigen Sohnes. Der Junge war an einem heißen Sommertag völlig dehydriert, was die Eltern nicht rechtzeitig erkannt hatten, und wurde vor ihren Augen plötzlich bewusstlos. Es gelang ihnen, den im Ort wohnenden Hausarzt herbeizurufen (natürlich wurde auch der Rettungswagen gerufen), der gerade dabei war, zu einem anderen Patienten im Nachbarort aufzubrechen, als ihn der Anruf erreichte. Er war ziemlich schnell da. Er stellte am Zustand des Jungen fest, dass es um Leben und Tod ging, denn der Junge zeigte nur noch wenige Lebenszeichen (so war der Puls fast nicht mehr feststellbar). Der Arzt leitete sofort Wiederbelebungsmaßnahmen ein. Nachdem er unter anderem mit einer

Sofortinfusion und einer Spritze den Zustand des Jungen soweit stabilisierte, dass ein Rettungstransport stattfinden konnte, schlug der Junge wenig später wieder die Augen auf. Es waren hier circa 15 Minuten seit dem Zusammenbrechen des Jungen vergangen. Zunächst traute sich der Junge nicht, seinen Eltern anzuvertrauen, was er erlebt hatte; jedoch fasste er sich später ein Herz und bezog seine Eltern in sein Erlebnis ein. Er war nach eigenem Bericht unmittelbar nach seinem Zusammenbruch aus seinem Körper "geschleudert" worden und schwebte über seinem liegenden Körper. Er erlebte die Angst seiner Mutter, die dieses plötzliche Zusammenbrechen völlig verzweifeln ließ. Er verfolgte die eiligen Telefonate und konnte wörtlich wiedergeben, was da gesagt worden war. Er beobachtete die Maßnahmen des ihm bekannten Hausarztes und beschrieb sie detailliert seinen Eltern. Der Junge konnte jedes Wort wiedergeben, das zwischen seinen Eltern und dem Hausarzt in dieser Zeit gesprochen worden war. Dies war für die Eltern angesichts der Tatsache, dass ihr Junge kaum noch am Leben war und auch nach dem Befinden des Arztes keinerlei Wahrnehmungsmöglichkeiten in der Zeit der Bewusstlosigkeit hatte, völlig erstaunlich. Der Junge beschrieb die Zeit der Außerkörperlichkeit als völlig schmerzfrei und angenehm. Alles, was zu hören und zu sehen war, nahm er intensiver wahr. Ihm war jede Sekunde seiner Erfahrung in einer besonderen Qualität bewusst. Dieses Erlebnis würde er sein ganzes Leben lang nicht vergessen.

Ich hatte vor einigen Jahren ein interessantes Gespräch mit einer älteren Dame, die ich im Rahmen der Kontakte meines Jobs kennengelernt hatte. Wir unterhielten uns über ihre kranke Enkelin. Diese war schwer herzkrank und bei mehreren Herz-OPs dem Tode schon sehr nahe gewesen, wie die Ärzte berichteten (ein zwischenzeitlicher Herzstillstand war quasi "normal"). Zum Zeitpunkt des Gespräches war das Kind 8 Jahre alt und es war an sich schon ein Wunder, dass das Mädchen so alt geworden ist. Wir kamen darauf zu sprechen, dass es Dinge zwischen Himmel und Erde gibt, die nicht rational erklärbar sind. Ich sagte dazu meine Meinung und berichtete über mein Diana-Erlebnis. Ich erklärte ihr, dass ich inzwischen an eine Fortexistenz des Geistes nach dem Tode des physischen Körpers glaube. Die ältere Dame war hier aufgeschlossen und reflektierte meine Aussagen vollends, da sie aufgrund der Erfahrungen mit Ihrer Enkelin zu einer eigenen neuen Anschauung gekommen ist. Sie erzählte dann von einer Episode mit ihrer Enkelin:

Die Kleine hatte im Alter von drei Jahren einen längeren Krankenhausaufenthalt mit mehreren schweren Herz-OPs. Sie hatte einen Opa, der starb, als sie zwei Jahre alt war. Der Opa war ein sehr lustiger Mensch, der seine Enkelin sehr geliebt hatte. Nach der langen Zeit im Krankenhaus geschah es auf der Fahrt von der Universitätsklinik zurück nach Hause. Die Kleine schaute aus dem Fenster und betrachtete mit seltsamer Abwesenheit die Sterne, die in dieser klaren Nacht deutlich sichtbar waren. Plötzlich sagte sie: "Mama, der Opa hat mir dort, wo ich gewesen war, gesagt, die Oma soll nicht mehr alleine bleiben, sondern sich wieder einen Mann nehmen." Sie berichtete von einem Licht und von dem Opa, welchen sie bei diesem Licht gesehen habe. Er habe sie dann zurückgeschickt, weil sie dort, wo er war, nicht bleiben durfte.

Was ihren Wahrheitsgehalt betrifft, haben solche Berichte von Kindern über Nahtoderlebnisse eine herausragende Bedeutung. *Dr. Raymond A. Moody* schreibt hierzu:

*"Die Todesnähe-Erlebnisse von Kindern haben eine besondere Qualität. Die Befragung unschuldiger Kinder gibt den Forschern die Möglichkeit, Individuen zu untersuchen, die sich noch nicht allzu viele Gedanken über das Leben, den Tod und das Jenseits gemacht haben. Kinder sind von der Erwachsenenwelt noch nicht so beeinflusst und haben noch nichts von den Eindrücken gehört, die Todesnähe-Erlebnissen gleichen. Da Kinder noch nicht im selben Maß kulturell konditioniert sind wie Erwachsene, erhöhen ihre Sterbeerlebnisse die Stichhaltigkeit der Kernerfahrung der Todesnähe."*[13]

Daher sollten wir solche Berichte von Kindern, die sich anlässlich eines Unfalles, einer Erkrankung oder einer Operation im Grenzbereich zwischen Leben und Tod befanden, nicht als Fantasien abtun, sondern ernst nehmen. Den Eltern dieser Kinder kommt dabei eine besondere Verantwortung zu, die es erfordert, mit Verständnis und Aufgeschlossenheit zu reagieren. Diese Erlebnisse sind für die betroffenen Kinder prägend, mag die Erwachsenenwelt sie nun glauben oder nicht. Eine ablehnende und kopfschüttelnde Reaktion der Erziehungsträger könnte zu einer Traumatisierung des betroffenen Kindes führen. Schuldkomplexe auf Grund eines *Nahtoderlebnisses* sind aber völlig verfehlt, denn kein Kind hat sich so etwas bewusst herbeigewünscht.

Fazit:
Während eines *Nahtoderlebnisses* standen sie auf der Schwelle zur anderen Seite; Menschen, die ein solches *Todesnäheerlebnis* hatten, behaupten, diese bereits überschritten zu haben. Sie berichten von ihren Erlebnissen im Grenzbereich. Nur der Körper stirbt, nicht jedoch der Geist, welcher im Einklang mit der Seele im Körper steckt und sich sodann in eine andere Ebene begibt, die wir gemeinhin als *Jenseits* bezeichnen. Dass es sich nicht nur um ein letztes Aufbäumen unseres Gehirns vor dem Sterben handelt, beweisen viele Berichte der Betroffenen, die klinisch als tot galten und wieder belebt werden konnten. Ihre Einstellung zum Tod änderte sich durch diese Erlebnisse gravierend, denn sie verloren ihre Angst vor dem Tod. Mittlerweile wurden im Internet zahlreiche

---

[13] Dr. Raymond A. Moody: Das Licht von drüben - Neue Fragen und Antworten, Auflage März 2008, Rowohlt Taschenbuch Verlag Hamburg, S. 59

Dokumentationen und Berichte über *Nahtoderlebnisse* veröffentlicht. Da ich selbst schon mit Zeugen von *Nahtoderlebnissen* gesprochen habe, weiß ich, dass es den Betroffenen schwerfällt, darüber zu sprechen, weil ihnen regelmäßig nicht geglaubt wird. Umso wichtiger erscheint es, dass es Menschen gibt, die vor die Kamera treten und sich nicht scheuen, über ihr Nahtoderlebnis zu berichten. Ich empfehle, dir selbst ein Bild von diesen Menschen zu machen. Hierzu brauchst du in einer Suchmaschine deiner Wahl nur die Begriffe *Nahtoderlebnis* und *Video* einzugeben. Eine sehr eindrucksvolle Zusammenstellung von Nahtodberichten im deutschsprachigen Raum nahm *Prof. Dr. Johannes Michels* mit dem Buch: *Berichte von der Jenseitsschwelle - Authentische Fälle von Nahtoderfahrungen*[14] vor. Dies ist insoweit bemerkenswert, als über *Nahtod-erfahrungen* in Deutschland erst in der jüngeren Zeit offener gesprochen wird und hierüber nunmehr auch Dokumentationen vorgenommen werden.

[14] Johannes Michels, Berichte von der Jenseitsschwelle - Authentische Fälle von Nahtod-erfahrungen, 1. Auflage 2008, Arkana Verlag München

## Kapitel 3 - Der Plan des Lebens

Du kennst vielleicht den Spruch: *Das ist Schicksal, da kann man nichts machen!* Nun, das ist zum einem zutreffend, zum anderen auch wieder nicht. *Was ist das für eine widersprüchliche Aussage?*, magst du jetzt vielleicht denken. Dein Empfinden zum Thema Schicksal mag da ganz klar sein, denn für dich steht wie für die meisten Menschen, fest, dass die eigenen Entscheidungen und Handlungen das Schicksal bestimmen. Nun, nach meiner Überzeugung ist es nicht ganz so, denn unser Leben läuft in wesentlichen Punkten nach einem Plan ab. Nun wird der Eine oder Andere vielleicht sagen: *"Lebensplan? Was ist das denn für ein Unsinn!"* Nun gut, diese Einstellung kann ich verstehen. Ich war früher auch nicht anders. Da fiel mir ein weiteres Buch der bereits im vorherigen Kapitel erwähnten *Sylvia Browne* in die Hände, das den Titel "Einsichten" trägt. In diesem Buch erläutert die Autorin die Sichtweise ihres spirituellen Weltbildes und ihrer im Laufe ihrer Praxis als Medium gemachten Erfahrungen. Ihren Erläuterungen fügt sie Auszüge aus Briefen ihrer Klienten bei, die ihr nach einer Beratung, einem sogenannten *Reading*[15], erstaunliche Dinge berichteten, die sich genau so ereigneten, wie sie ihnen angekündigt worden waren. Viele hatten ihre Zweifel, dass die Ankündigung von *Sylvia Browne* tatsächlich eintreten würde. Das Medium teilte ihren Klienten etwa mit, dass sie ein lukratives Jobangebot bekommen würden oder dass sie einen neuen Partner kennenlernen würden, wobei hierbei relativ genaue Beschreibungen gegeben wurden. Diesbezüglich gab es natürlich immer ein gewisses Zeitfenster zwischen dem *Reading* und dem eintretenden Ereignis. Letztlich trat das Ereignis aber zur Verblüffung der Klienten jeweils ein. Völlig überraschend, weil sie zumeist nicht mehr daran

Ist das Schicksal steuerbar?

[15] Ein Reading ist eine Form der intuitiven Betrachtung der momentanen Lebenssituation, oder eines zentralen Lebensthemas, unter Berücksichtigung der körperlichen, geistigen und seelischen Anteile. Quelle: http://www.anjanothelfer.de/downloads/info-readings.pdf

dachten, aber es trotzdem so sicher wie das Amen in der Kirche kam. Wie konnte das Medium aber solche Ereignisse "vorhersehen"? *Sylvia Browne* ist als Medium in der Lage in den *Lebensplänen* ihrer Klienten "zu lesen" und ihnen bestimmte Einzelheiten aus ihrem jeweiligen *Lebensplan* mitzuteilen. Da sind Ereignisse zu Partnerschaft, Beruf und Familie, die sie ihren Klienten mitteilt, die da eintreten werden, weil sie so geschrieben wurden. Viele Klienten der *Sylvia Browne* konnten es nicht glauben, weil sie so von ihrer gegenwärtigen Situation überzeugt waren, dass sie da nur die für sie wahrnehmbare Perspektive sahen.

Was hat es nun mit der Lebensplanung auf sich? Hier ist ein kurzer Diskurs zum Thema *Reinkarnation* und *Weltbild* nötig. Beim *atheistisch-materialistischen Weltbild* wird davon ausgegangen, dass der Mensch geboren wird, sein Leben lebt und stirbt. Danach gibt es keine Trennung zwischen Körper und Geist. Mit dem Körper stirbt auch das Bewusstsein. Die *spirituell-idealistische Sichtweise* geht hingegen davon aus, dass Körper und Geist (bzw. die Seele) getrennt zu sehen sind, d.h. mit dem Tod keine Einheit im Diesseits mehr bilden und die unsterbliche Seele in die andere Dimension (ins *Jenseits*) übergeht. Geist und Seele bilden unser *Ich-Bewusstsein*, das mit dem Tode des physischen Körpers nicht verschwindet. Es geht weiter, denn das "Ich" hört nicht auf, wahrzunehmen. Der Begriff *Reinkarnation* (lateinisch "Wiederfleischwerdung" oder "Wiederverkörperung") bezeichnet den Vorgang, bei dem sich die Seele/Geist-Einheit (das *Ich-Bewusstsein*) nach dem irdischen Tod des vorher "beseelten Köpers" und deren nachfolgenden "Aufenthalt" in höheren Schwingungsebenen (dem *Jenseits*) erneut in einem anderen empfindenden, körperlichen Wesen manifestiert. Die Überzeugung, dass dieser Prozess tatsächlich vonstattengeht, wird nur von einer Minderheit der Religionen und Glaubensbekenntnisse geteilt. Jedoch ist sie im *Buddhismus* und *Hinduismus* verankert.

Was bringt mich jedoch dazu, an die *Reinkarnation* zu glauben?

Zugegeben, der Gedanke an eine mögliche *Wiedergeburt* war mir früher suspekt. Wenn ich mir vorstellte, dass ich nach meinem Tod das ganze Prozedere des Lebens mit Kindheit, Schule, Ausbildung, Studium, Prüfungen, Krankheiten, Frustrationen usw. in einem neuen Körper noch einmal durchlaufen müsste, lehnte ich diese Perspektive von Grund auf ab. Auf der anderen Seite jagte mir die Vorstellung, dass mit dem Tod ein Schalter umgelegt wird, der alles dunkel macht und mein Bewusstsein auslöscht, große Angst ein. Zwischenzeitlich durfte ich jedoch erfahren, dass das *Ich-Bewusstsein* nicht an den physischen Körper gebunden ist. Ich selbst kam zu dieser Überzeugung durch das bereits erwähnte Phänomen, das man *außerkörperliche Erfahrung (AKE)* bzw. *Astralreise* nennt. Mein diesbezügliches Erlebnis sowie die Beschreibung der Möglichkeit, eine *AKE* herbeizuführen, behandle ich ausführlich in Kapitel 7. Zunächst nur soweit;

eine *AKE* muss nicht mit einem *Nahtoderlebnis* verbunden sein und kann bewusst herbeigeführt werden. Nun beweist eine zeitweise *Außerkörperlichkeit* des Bewusstseins noch nicht, dass es die Reinkarnation tatsächlich gibt.

Jedoch gibt es eine Methode, um zu beweisen, dass wir alle in unseren Körper (re)inkarnieren. Die *Reinkarnation* wurde durch sogenannte *Rückführungsmeditationen* nachvollzogen, bei denen der Klient mittels Hypnose in ein altes Bewusstsein eines früheren Lebens gebracht wird. Einzelheiten aus den früheren Leben konnten in vielen Fällen durch alte Chroniken, Taufregister und Personenstandsbücher verifiziert werden. Über einzelne Fälle wurde in den Medien berichtet.

*Sylvia Browne* veröffentlichte bereits zahlreiche Bücher, die sich auch mit dem Thema *Reinkarnation* und mit *Rückführungshypnosen* befassen. Als Hypnosemeisterin praktizierte sie seit den 1970er-Jahren unzählige sogenannte *Rückführungen*, bei denen die Klienten unter Hypnose ihr im Unterbewusstsein verstecktes Wissen über ihre früheren Leben hervorholen. *Sylvia Browne* sieht diese *Rückführungen* nicht nur als Selbstzweck, um etwa die Neugier des betreffenden Klienten zu befriedigen, sondern auch als Therapie um bestimmte Befindlichkeitsstörungen, die bis dato von keinem Arzt therapiert werden konnten, aufzulösen. In ihrem Buch *Phänomene - Die Welt des Übersinnlichen aus medialer Sicht* schreibt sie unter dem Stichwort "Rückführungshypnose" hierzu u.a. folgendes:

*"Der Saal war zum Brechen voll. Ich hatte für dieses Experiment mehr Freiwillige, als ich zählen konnte. Perverserweise suchte ich mir den aus, der am skeptischsten von allen aussah, einen konservativ wirkenden Mann in den Dreißigern. Er stellte sich als Neil, Hypothekenbroker aus Texas, vor. Ich erklärte kurz den Hypnosevorgang, und bevor wir anfingen, fragte ich ihn noch, ob er irgendwelche körperlichen oder seelischen Probleme habe, denen wir auf den Grund gehen sollten. Ihm fielen zwei ein: chronische Schmerzen im rechten Fuß, die sein Orthopäde nicht diagnostizieren konnte, und die Angst, liebe Menschen trotz all seiner Anstrengungen und Bemühungen zu enttäuschen. Er war intelligent und ehrlich, und das sind mir die liebsten Kandidaten. Ich entspannte ihn, bis er in Hypnose war, und leitete ihn langsam erst durch dieses Leben zurück, dann durch seinen Tod in einem früheren Leben und schließlich in dieses Leben hinein. Er atmete einmal tief durch und schien in sich zusammenzusinken. Seine Stimme wurde brüchig und war kaum noch zu hören. Sein rechter Fuß drehte sich nach innen. Ich bat ihn, mir etwas über sich zu erzählen. Er sagte mir, sein Name sei Calvin. Er war zwölf Jahre alt und lebte auf einer Farm in Virginia. »Welches Datum ist heute?«, wollte ich von ihm wissen. »Der 10. Juni 1821.« »Was ist mit deinem rechten Fuß nicht in Ordnung«, fragte ich. Calvin hatte von Geburt an einen Klumpfuß, und deshalb war er für seine Eltern eine Last; sie hatten mit einem gesunden Sohn gerechnet,*

*der auf den Feldern mitarbeiten konnte. Calvin war nicht mehr zur Schule gegangen, weil alle sich über ihn lustig machten. Seine Zeit verbrachte er damit, dass er sich um die Tiere auf dem Bauernhof kümmerte. Sie liebten ihn und schienen nicht der Ansicht zu sein, dass mit ihm und seinem Fuß etwas nicht stimmte. Inzwischen hatte der ganze Saal Tränen in den Augen. Ich holte ihn langsam in die Gegenwart zurück, und bevor er vollständig aufweckte, fiel es mir ein, zu sagen: »Und ganz gleich, welchen Schmerz, welche Angst oder Negativität du aus einem früheren Leben mitgebracht haben magst, lass sie jetzt los. Lass zu, dass das weiße Licht des heiligen Geistes sie auflöst.« Er richtete den Oberkörper auf, der Fuß kehrte in die normale Position zurück, und Neil stammelte ein abwesendes »Dankeschön.«, während er die Bühne verließ. Ein paar Wochen später rief er mich in meinem Büro an und berichtete, die Schmerzen im Fuß seien weg, und seit der Hypnose sei es mit seinem Selbstvertrauen sehr viel besser geworden."*[16]

Dieses Beispiel einer *Rückführungshypnose* zeigt, dass derartige Erfahrungen für die Betroffenen sehr tiefgehend sind und sich ihre vorher skeptische Sichtweise verändert. Nun mögen sich wieder die Kritiker zu Wort melden und behaupten, dass das, was Neil während *Sylvia Brownes Rückführungshypnose* geäußert hat, alles erfunden sein könnte. Jedoch belegen andere, über die Medien bekannt gewordene, *Rückführungen*, dass *Reinkarnationen* kein bloßer Mythos sind. So berichtete die Bild-Zeitung am 5. Juni 2006 über das Erlebnis einer Kauffrau aus Berlin.[17] *Karin Sarbach*, so der Name, war von Natur aus sehr skeptisch gegenüber Behauptungen, dass man schon mal gelebt haben soll. Sie ließ sich aber von einem Freund zu einer *Rückführungshypnose* überreden. Während der zweistündigen Hypnose wurde eine Tonaufzeichnung vorgenommen. Nach der Rückführung gibt sich *Karin Sarbach* sehr beeindruckt. Sie habe bei der Rückführung ganz klar den Eindruck gehabt, in einem anderen Körper zu sein. Sie sei in einem früheren Leben ein Mann gewesen. Sie sei ein 60-jähriger Postbote namens *Heinrich Nolte* gewesen und habe im Aachen des Jahres 1870 gelebt. Weiterhin berichtet sie, dass sie in diesem früheren Leben mit ihrer Arbeit als Postbote unglücklich gewesen sei. Bei der Rückführung sei ihr auch die Adresse Schillerstraße 17 vor ihrem inneren Auge erschienen. Nach der Rückführung macht sich *Karin Sarbach* auf, um die wahrgenommenen Angaben zu überprüfen. Nach anfänglichen Misserfolgen gelangt sie schließlich nach einem Hinweis an eine Abschrift aus dem Taufregister der Kirchgemeinde St. Peter in Aachen. Dieses Dokument belegt, dass tatsächlich ein *Henricus Nolte* aus Aachen, Schillerstraße 17, am 8. Juni 1817 getauft worden sei. Bei weiteren Recherchen stößt *Karin Sarbach* auf ein Schreiben des *Heinrich Nolte*, in welchem dieser die seinerzeit das Postmonopol in Aachen innehabenden Fürsten

[16] Sylvia Browne: Phänomene - Die Welt des Übersinnlichen aus medialer Sicht, 1. Auflage, Wilhelm Goldmann Verlag München, S. 335 ff.
[17] Quelle: http://www.bild.de/news/aktuell/news/rueckfuehrung-erlebnis-beweis-487708.bild.html

von Thurn und Taxis um seine Versetzung bat. Dieses weitere Dokument beweist, dass Heinrich Nolte wirklich mit seiner Postbotenstelle unglücklich war. Die Bild-Zeitung resümiert am Ende des Artikels:

*"Die Rückführung hat Karin Sarbach verändert: »Ich hatte gesehen, wie unglücklich ich in meinem ersten Leben war – und wußte, wie unglücklich ich jetzt als Kauffrau war. Ich wußte, ich muß mein Leben ändern.« Sie kündigte, wurde Musikerin (u.a. gerade neue CD mit den Hamburger Symphonikern). »Der Blick in ein früheres Leben«, sagt sie, »kann Ihnen sehr viel über Ihr heutiges verraten ...« "*[18]

Weiterhin belegte die Sendung "Mein erstes Leben", die bei RTL im Jahre 2010 ausgestrahlt wurde, sehr eindrucksvoll, dass *Rückführungen* keineswegs nur der Fantasie der Probanden entspringen. Personen wie du und ich, die der *Reinkarnationstheorie* teilweise sehr abweisend gegenüberstanden, stellten sich einer Rückführung wie bei *Sylvia Browne.* Dieses Mal verfolgten die Kameras der Produktionsgesellschaft das Experiment, zeichneten jede Aussage aus dem früheren Leben auf, was die betreffenden Personen unter Hypnose beschrieben und forschten anhand der beschriebenen Örtlichkeiten nach, ob sie heute noch existieren und ob die Aussagen durch stichhaltige Fakten belegt werden könnten. Die Rückführungsexpertin in der Fernsehsendung war *Ursula Demarmels.* Wenn du in eine Suchmaschine oder bei *YouTube* ihren Namen eingibst, erhältst du weitere Informationen.

Ein anderes Phänomen, das auf ein früheres Leben hinweist, ist das des sogenannten *Déjà-vu.* Das sind Fälle, wenn man plötzlich mit dem überwältigenden Gefühl konfrontiert wird, man kenne einen Ort, den man gerade aufsucht, an welchem man jedoch nachweislich noch nie zuvor gewesen war. Plötzlich überwältigt einen ein Gefühl unbändiger Angst oder des Glücks, ohne dass man sich diese Gefühle erklären kann. Manche Menschen kennen sich unvermittelt in alten historischen Gebäuden aus, die sie jedoch in diesem Leben noch nie zuvor betreten haben. Eine Freundin, die ich auf einer Reise in die Schweiz begleitete, hatte ein solches *Déjà-vu Erlebnis*, als wir die *Burg Lenzburg* im Kanton *Aargau* besuchten. Sie kannte sich so gut in den Räumlichkeiten der Burg aus, dass mir der Mund offen stand. Irgendwann verriet sie mir ganz unverhohlen, dass sie sich sicher sei, dass sie hier schon einmal gelebt habe. Alles sei so vertraut, als habe sie gerade erst gestern dort gewohnt. Sie nannte mir auch Einzelheiten, die in keinem Prospekt vermerkt waren, ging ganz unbefangen bis in Nebennischen der gut erhaltenen Räumlichkeiten. So kam ich ganz schnell zu der Überzeugung, dass sie nicht das erste Mal an diesem Ort weilte, wenn auch nicht in diesem Leben.

Ich möchte betonen, dass ich nicht gedenke, irgendjemandem den Glauben an die

[18] ebenda

*Reinkarnation* "einzuprügeln". Jeder mag glauben, was er will. Allerdings plädiere ich immer dafür, dass man sein Bewusstsein für neue Erfahrungen offen halten sollte, denn nur so hat man vielleicht die Chance, über seinen von Glaubensdoktrin und "wissenschaftlichen Gewissheiten" festgebundenen Schatten zu springen.

Nun komme ich zum Thema *Lebensplan* zurück, das jedoch untrennbar mit dem Thema *Reinkarnation* verbunden ist.

Stell dir vor, dein Leben läuft nach einem Drehbuch wie ein Film ab. Du bist wie ein Schauspieler, aber im Gegensatz zu denen, die sich vor der Kamera in bestimmten Posen postieren und vorgegebene Sätze herplappern, bist du dir gar nicht darüber bewusst, dass dein Leben nach einem Drehbuch läuft. Hast du nicht manchmal auch das Gefühl, dass alles schief läuft, wenn du etwas Bestimmtes willst und dann wieder alles wie von selbst geht, wenn du dich anders entscheidest? Ist es dir schon mal passiert, dass du deinen Autoschlüssel vermisst hast, du fluchend überall suchtest, unter dem Bett, im Kleiderschrank und ihn dann an einer Stelle fandest, wo du schon gesucht hattest und wo man ihn hätte gar nicht übersehen können? Du kamst natürlich zu spät, und das wurde noch schlimmer, weil die Straße gesperrt war. Und dann erfuhrst du, dass just zu der Zeit, wenn du wie immer am Morgen an der Stelle am Ortsausgangsschild vorbeigefahren wärst, genau dort ein schlimmer Verkehrsunfall passiert war. Ein wirklich schlimmer Unfall mit vielen Toten. Und in diesem Augenblick läuft es dir kalt den Rücken runter! Zufall? Glück? Mitnichten! Tief in deinem Inneren weist du, dass das kein Zufall war. Aber du glaubst doch an diese Dinge nicht! Du bist Realist! Und doch war der Autoschlüssel zunächst wie vom Erdboden verschluckt und lag dann unübersehbar plötzlich auf dem Boden im Flur. Da du allein lebst und auch kein Haustier á la Katze oder Hund hältst, konnte auch niemand das verdammte Ding weggeschleppt haben. Was also um alles in der Welt war da passiert?

Ich sage es dir, es stand nicht in deinem Plan, dass du an diesem Tag sterben solltest. Da du sonst immer pedantisch exakt zur selben Zeit dieselbe Stelle passiertest und dies heute wieder passiert wäre, musste etwas geschehen, was dich aus deinem Zeitplan brachte. Tja, bleibt da nur der "Trick" mit dem Autoschlüssel! Wie geht das? Ach komm schon … es war alles nur Einbildung und du hast das Ding schlichtweg übersehen! Okay, sei es so, du sollst ja auch gar nicht mitbekommen, dass da im Hintergrund immer ein paar "Helfer" wirken, die du vor dem Eintritt in dieses Leben selbst beauftragt hattest.

Diese Helfer sind die *Geistführer*, die stets an deiner Seite stehen. Gemeinhin sind sie als *Schutzengel* bekannt. Sie sind den wenigsten Menschen direkt sichtbar geworden. Jedoch machen sie sich bei dir über geistige Eingaben bemerkbar. Für dich stellt sich dies als *innere Stimme* dar, welche auch als *Intuition* bekannt ist. Natürlich kennen die *Geistführer* deinen *Lebensplan* und sind daher ständig darum bemüht, deine Entscheidungen durch ihre Eingaben in die richtigen Bahnen zu lenken. Für Menschen, die auf ihre *innere Stimme* hören, sind viele Ziele leichter erreichbar. Allerdings beherrscht bei vielen Menschen eine ständige Dominanz des eigenen *Egos* den Alltag. Den *Geistführern* ist es untersagt, den freien Willen zu manipulieren. Daher könnten sie sich manchmal im wahrsten Sinne des Wortes die Haare raufen, wenn eine egogesteuerte Entscheidung ihres Schützlings zu einer Verschärfung seiner Lebenssituation führt, obwohl dies durch das Befolgen deutlicher Eingaben der *inneren Stimme* hätte anders laufen können.

All jene, welche nur ihrem Verstand – ihrem *Ego* – trauen und nur glauben, was sie mit ihren fünf Sinnen (Sehen, Hören, Riechen, Schmecken, Fühlen) wahrnehmen können, unterdrücken ihre *Intuition*. Dieses Verhalten könnte aber in entscheidenden Momenten dazu führen, dass man versagt oder zu Schaden kommt, weil man einfach nicht darauf vertraut, dass das *Bauchgefühl* Recht haben könnte. Wenn mir meine *Intuition* sagt, ich möge einen bestimmten Weg jetzt nicht gehen, so sollte ich nicht darüber nachdenken, ob es wahrscheinlich sein könnte, ob mir auf diesem Weg etwas passiert oder nicht. Mein *Ego* würde mir sicher mitteilen, dass ich mich nicht so haben soll und ich diesen Weg tausendmal gegangen bin, ohne dass etwas passiert sei. Wenn man so denkt, dann hat das *Ego* wieder einmal die Oberhand gewonnen. Es ist so schön "vernünftig", nur seinen Verstand zu vertrauen. Diesbezüglich kann ich aus eigenem Erleben ein Lied singen. So ist es mir selbst passiert, dass das eine Mal mein *Ego* und das andere Mal meine *Intuition* das Sagen hatten.

Wenn ich in *Magdeburg* von einem relativ häufig besuchten Einkaufscenter nach *Burg* zurückfahre, dann habe ich an einer Kreuzung zum einen die Möglichkeit nach links zu fahren, um über die Stadtschnellstraße und die Autobahn A2 an mein Ziel zu gelangen (schnellere Strecke). Zum anderen kann ich auch nach rechts fahren, um über die Bundesstraße B1 nach *Burg* zu kommen (kürzere aber langsamere Strecke). Im Frühjahr war da wieder so ein Samstag, den ich nutzte, um im Einkaufscenter meine Besorgungen zu machen. Auf dem Rückweg fuhr ich an besagte Kreuzung heran und meine innere Stimme meldete sich und riet mir, nach rechts auf die B1 zu fahren. Mein Verstand schaltete sich sofort ein und meinte ganz altklug: *"Warum die B1? Fahr wie immer über die Schnellstraße und die Autobahn, dann bist du schneller ... du willst doch pünktlich zum geplanten Besuch ankommen."* Da ich auf meinen Verstand hörte, fuhr ich über die Schnellstraße und musste ziemlich schnell feststellen, dass das ziemlich dumm war, weil ich in einen satten Stau geriet. So kam ich dann natürlich zu spät in *Burg* an. Mein *Ego* hatte mir also nicht geholfen.

Etwa ein halbes Jahr später fuhr ich wieder auf jene Kreuzung zu. Meine innere Stimme sagte mir: *"Fahr nach rechts und über die B1 nach Burg!"* Mein Ego begann sofort, zu argumentieren: *"Du bist doch schon auf der Herfahrt über die*

*B1 gefahren und hast dort an einer Baustelle warten müssen! Das wird jetzt stadtauswärts noch schlimmer. Fahr über die Schnellstraße!"* Diesmal hörte ich aber auf mein Bauchgefühl und fuhr stadtauswärts die B1. Es gab – entgegen den Unkenrufen meines Verstandes – keinen Stau auf der B1 und ich kam zügig nach *Burg*. Kurz bevor ich mein Ziel erreichte, meldete der Verkehrsfunk, dass es auf der Autobahn A2 in Richtung Berlin zu einem schweren Verkehrsunfall und einer Vollsperrung gekommen sei. Der Unfall ereignete sich etwa zu der Zeit, als ich die Stelle des Unfalles auf der A2 bei der Heimfahrt passiert hätte. Wenn ich also auf mein Ego gehört hätte und über die Autobahn nach Hause gefahren wäre, dann wäre ich sehr wahrscheinlich mitten in diesen Unfall geraten. In solchen Momenten läuft es einem kalt den Rücken hinunter. Meine Erkenntnis daraus war, dass man wohl öfters auf seine *innere Stimme* hören sollte.

Vor einiger Zeit kaufte ich mir eine DVD, die den Titel "Der Plan" trägt. Hauptdarsteller ist *Matt Damon*, der den jungen aufstrebenden Politiker David Norris spielt, welcher für einen Senatssitz des Staates New York kandidiert. David lag in den Umfragen deutlich vor seinem Gegenkandidaten, als ihm am Wahltag eine Schlagzeile und ein Foto in der New York Post zum Verhängnis wurde, die ein großes Bild seines nackten Hintern zeigte, das bei einer Junggesellenparty mit Freunden aufgenommen worden war. David verliert die Wahl. Als er auf der Herrentoilette noch mal seine Rede durchgeht, mit welcher er vor seinen Anhängern seine Niederlage eingestehen wollte, trifft er eine schöne, unbekannte Frau. Es funkt sofort und sie gibt ihm mehrere Ratschläge und inspiriert ihn zu einer Rede, die als seine beste Rede durch die Medien geht. Nun, sein Treffen mit jener Frau namens Elise war kein Zufall, sondern stand im Plan seines Lebens, denn sie brachte ihn wieder auf Kurs, bei der nächsten Wahl wieder zu kandidieren. Nicht im Plan stand, dass sich David und Elise wiedersehen sollten oder sich gar verlieben. Als dies dennoch passierte, sahen sich seltsame Männer mit dunklen Anzügen und Hüten, die sich als Beobachter im Hintergrund gehalten hatten, genötigt, einzugreifen. Sie kidnappten David und informierten ihn darüber, dass er sich an den Plan halten muss, den der "Vorsitzende" für ihn geschrieben habe, in dem Elise nach dem Treffen auf der Herrentoilette des Hotels nicht mehr vorkommen würde. David bekommt die Information, dass er nicht frei über sein Leben bestimmen könne, denn wenn seine Entscheidungen dazu führten, dass vom Plan abgewichen würde, müssten die Männer von der "Planbehörde" eingreifen. Natürlich findet sich David nicht damit ab, dass er die Liebe seines Lebens vergessen soll, und macht sich planwidrig auf die Suche nach Elise. Ich möchte den Film hier nicht weiter auswalzen; nur soweit sei verraten, es gibt ein Happy End.

Ausgehend von diesem durchaus interessanten Hollywoodstreifen stellt sich die Frage: *Bestimmen wir frei über unser Leben oder ist dies nur eine Fiktion?* Du wirst sofort denken: *Natürlich bin ich Herr meiner Entscheidungen und bestimme alles selbst!* Jedoch deuten einige Umstände darauf hin, dass dem nicht ganz so ist. So unglaublich es klingt, es ist jedoch so, dass wir nichts realisieren können, was nicht in unserem *Lebensplan* steht. Und im Gegensatz zu dem Film "Der Plan" hat nicht irgendein Vorsitzender den Plan geschrieben, sondern wir selbst haben dies vor unserer *Inkarnation* in unseren jetzigen Körper getan.

Wenn man nun den Versuch unternimmt, den obigen Erläuterungen zu folgen, so sollte man zunächst als gegeben unterstellen, dass a) Körper und Geist (Seele) keine dauerhafte Einheit bilden und b) die Seele - von Zeit zu Zeit - in einem neuen Körper wiedergeboren wird. *Sylvia Browne* erläutert hierzu, dass unser eigentliches Zuhause auf der jenseitigen Ebene liegt. Was wir auf dieser Seite, in unserem Körper und in dieser Welt absolvieren, sei nur so etwas wie ein "Ausbildungslager" um uns fortzuentwickeln. Unsere eigene Seele hat hierbei vor der *Reinkarnation* das "Drehbuch" für dieses Leben geschrieben. Natürlich sind wir uns darüber nicht bewusst. Angesichts dessen, dass da so negative und teilweise schlimme Schicksalsschläge im eigenen Leben passieren, mag es unglaublich sein, dass man diese Dinge in seinen *Lebensplan* hineingeschrieben haben soll. Als rationell denkender Mensch müsste man meinen, dass man doch, wenn man es selbst in der Hand hat, sich nur Harmonie, Glück und Liebe in den eigenen *Lebensplan* schreiben würde. *Sylvia Browne* argumentiert hier aber, wie ich meine nachvollziehbar, dass man dann doch gleich in der jenseitigen Ebene bleiben könnte, weil es da irdische Probleme gar nicht gäbe, denn die Seele lebt dort in Harmonie, Glück und Liebe. Insoweit erscheint es überzeugend, dass die Seele im irdischen reinkarnierten Leben nur "wachsen" kann, wenn sie in ihren *Lebensplan* ein Lernpotenzial hineingeschrieben hat.

Es ist wohl das Beste, wenn ich hier aus dem Buch *Einsichten* von Sylvia Browne zitiere:

1. Zum Thema Partnerschaft und Liebe:
*"Ich fragte Sylvia, ob sie sah, dass ich meinen Freund, mit dem ich damals zusammen war, heiraten würde. Ich war enttäuscht, als sie mir dringend riet, diesen »Stubenhocker« loszuwerden. Dann fragte sie mich, ob ich einen großen, kräftigen Kerl mit Haselnussaugen und dunkelbraunem, lockigen Haar kennen würde, denn das sei der Mann, den ich irgendwann im Frühjahr heiraten würde (mein Reading fand im November statt).*
*Ich hätte Ihnen meine Bestätigung schon früher geschickt, aber ich komme gerade aus den Flitterwochen zurück, die ich mit einem großen, kräftigen Kerl mit Haselnussaugen und dunkelbraunem, lockigen Haar verbracht habe, den ich während der Winterferien kennenlernte, kurz nachdem ich dem »Stubenhocker« den Laufpass gegeben hatte .... (von Lilly)"*[19]

2. Zum Thema Beruf:

---

[19] Sylvia Browne: Einsichten - Fallgeschichten aus der jenseitigen Welt, 1. Auflage, Wilhelm Goldmann Verlag München, S. 121 f.

*"Liebe Frau Browne, ... ich war am Flughafen von San Josè Ihr Gepäckträger am Terminal der American Airlines und ich fragte Sie, ob ich meinen Beruf wechseln würde. Sie sagten mir, dass ich mein Talent vergeudete und es an der Zeit sei, all meine Energie in meine Musikkarriere zu stecken. Ich habe Ihren Rat befolgt ... ich bin inzwischen ein erfolgreicher Musikproduzent mit Namen wie Maria Carey und T.L.C. auf meiner Referenzliste ... (von Keith)"*[20]

Das waren bloß zwei Beispiele, die ich gekürzt wiedergegeben habe. In dem Buch von *Sylvia Browne* werden etliche andere - sehr verblüffende - Beispiele für markante Lebensveränderungen wiedergegeben. Viele Angaben wurden sogar eidesstattlich versichert.

In puncto Liebe und Partnerschaft, die meines Erachtens immer die größten Potenziale menschlicher Entwicklung und Tragödien widerspiegeln, gibt *Sylvia Browne* dem Leser - der vielleicht schon lange auf der Suche nach dem idealen Partner ist - einen verblüffenden Rat: *"Je zufriedener Sie damit sind, frei und unabhängig zu sein, und je weniger sie eine Beziehung brauchen, desto größer sind Ihre Chancen, den Richtigen / die Richtige zu finden. Dies ist eine Tatsache und gleichzeitig ein Versprechen."*[21]

Einen weiteren wichtigen Hinweis darauf, dass unser Leben im Wesentlichen nach einem Plan abläuft, liefern die sogenannten *Palmblattbibliotheken*. Hierzu verfolgte ich 2011 den Vortrag einer Frau, die dem interessierten Zuhörerkreis von den *Palmblattbibliotheken* in Indien erzählte. Sie war einst auf Grund einer Fernsehsendung, in der über das Rätsel der Schicksalsaufzeichnungen auf Palmblättern berichtet worden war, in den frühen 90er Jahren nach Indien geflogen. Nachdem sie trotz all ihrer Skepsis erleben musste, dass alles, was in ihren Palmblättern stand, zutraf und auch alle Zukunftsaussagen mit der Präzision eines Uhrwerkes eintrafen, begann sie, sich ganz und gar dem Phänomen der *Palmblattbibliotheken* zu widmen. Diese Frau heißt *Annett Friedrich.* Sie organisiert heute mit ihrem kleinen Reisebüro "Zeitreisen"[22] sehr erfolgreich Flugreisen nach Indien zu den *Palmblattbibliotheken.*

Was aber ist das für ein Phänomen? *Rudi Berner,* ein Autor aus Süddeutschland, der mit seinem Buch, *Auf ein Wort - Eine Reise zum Gipfel der Philosophie*, mein Denken ziemlich durcheinanderwirbelte, beschreibt es dort wie folgt:

*"Den dahingehenden Beweis, was Ihre persönliche Zukunft und Ihre bisher durchlebte Vergangenheit anbelangt, finden Sie in Indien – in einer Palmblatt-bibliothek.*
*Vor 7.000 Jahren hat sich in Indien eine Gruppe seltsamer spiritueller Gestalten, die »Rishis« genannt werden, an ein ganz besonderes Werk gemacht. Die Rishis*

[20] ebenda S. 222
[21] ebenda S. 121
[22] http://www.zeitreisen-reisedienst.de

*waren in der Lage, die Zukunft einzusehen, und sie haben diese Fähigkeit dazu benutzt, um das Leben von mehreren Millionen Menschen, die einst in der Zukunft (also zum Beispiel jetzt) leben werden, und die (gemäß dem vorbestimmten Lauf des Geschehens) den Weg in eine Palmblattbibliothek finden, schriftlich zu dokumentieren. Das heißt im Klartext: Vor 7.000 Jahren wurde Ihr persönliches Leben mühsam in ein Palmblatt eingeritzt, und selbiges in einer Palmblattbibliothek in Indien archiviert. Aber, wie bereits aufgezeigt, nur dann, wenn Sie es in Ihrem Leben zustande bringen, so eine Palmblattbibliothek aufzusuchen. Klingt unglaublich nicht wahr? – Ist aber so! Da die Rishis in die Zukunft blicken konnten, wussten sie auch genau, wer, wann, welche Palmblattbibliothek aufsuchen wird, und ausschließlich deren Lebensläufe haben sie aufgezeichnet. Die Millionen von Lebensläufen sind wiederum in Millionen von getrockneten Stechpalmblättern eingeritzt, und zwar in der indischen Ur-Sprache »Sanskrit« oder in »Alt-Tamil«. ... Die Palmblätter sind in speziellen Palmblattbibliotheken archiviert, von denen es – über den indischen Kontinent verstreut – zwölf Hauptbibliotheken und einige Nebenstellen gibt. ... Wenn nun ein Mensch den Weg in so eine Bibliothek findet (bei einigen muss man sich langfristig anmelden), dann wird ihm sein persönliches Palmblatt vorgelesen, dieses Zeremoniell wird »Nadi-Reading« genannt. Zuallererst muss jedoch Ihr persönliches Palmblatt unter vielen anderen erst einmal gefunden werden, in manchen Bibliotheken lagern bis zu einer halben Million solch beschriebener Palmblätter. ... Der Nadi-Reader (so nennt man denjenigen, der Ihnen Ihr Palmblatt vorliest) sucht daraufhin ein passendes Palmblatt heraus, das jedoch noch verifiziert werden muss. Er liest dabei Ihr Palmblatt an, stellt Ihnen einige Fragen, und es kristallisiert sich dann mehr oder weniger schnell heraus, ob es tatsächlich Ihr Palmblatt ist. Wenn nicht, dann sucht er ein anderes heraus, das geht solange, bis sicher gestellt ist, dass Ihr persönliches Palmblatt nun vorliegt. ... Ist Ihr Palmblatt gefunden, dann liest Ihnen der Nadi-Reader zuerst Ihre Vergangenheit vor, und anschließend, falls Sie es wünschen, Ihre Zukunft. Der komplette Lebenslauf eines Menschen ist nicht auf einem einzigen Palmblatt aufgezeichnet, sondern in der Regel auf mehreren Blättern. Ist das erste Blatt einmal gefunden und verifiziert, dann stellt die Auffindung des Anschlussblattes keinerlei Problem für den Nadi-Reader dar. Sie sehen also, es kann auf so einem Palmblatt ganz mächtig und äußerst detailliert zur Sache gehen. Stellen Sie sich vor, Sie fahren in ein wildfremdes Land, gehen dort in eine Palmblattbibliothek, präsentieren dort Ihren Vornamen und einen Daumenabdruck, und kurze Zeit später liest man Ihnen Ihr bisheriges Leben vor. Und damit nicht genug, man fragt Sie anschließend auch noch, ob Sie auch Ihre Zukunft in Erfahrung bringen wollen. Nicht wenige Menschen (und gerade Besucher aus westlichen Ländern), die mit ihren Palmblättern konfrontiert worden sind, haben dahingehend zu kämpfen gehabt, die Situation seelisch zu verdauen. Es ist nämlich ein himmelweiter Unterschied, ob man von so einem*

*Phänomen liest, wie Sie das gerade im Moment tun, oder ob man es am eigenen Leib erfährt. Wenn Sie die Erfahrung machen, dann wandelt sich Glauben zu Wissen, und Ihr Bewusstsein kann dadurch einen wahren Quantensprung vollziehen."*[23]

Im Zusammenhang mit diesem Zitat mag es dir als Widerspruch erscheinen, dass die *Rishis* vor 7000 Jahren Millionen Lebenspläne auf Palmblättern aufzeichneten, die von den *Geist/Seele-Einheiten* jeweils vor der *Inkarnation* selbst verfasst wurden. Wenn ich also 1964 geboren bin und vor meiner Inkarnation meinen *Lebensplan* festgeschrieben habe, wie könnten diese *Rishis* dem vorweg gegriffen haben? Die Antwort hierzu ist so profan wie einfach: Im Jenseits existiert so etwas wie Zeit nicht. Daher konnte auch die Aufzeichnungshandlung vor 7000 Jahren irdischer Zeit, ich sage dazu mal die *Rishi-Zeit*, parallel zur Festlegung meines *Lebensplanes* zur jetzigen *Inkarnation* im *Jenseits* stattgefunden haben. Mutmaßlich wird von meinem jetzigen Leben jedoch keine *Palmblattaufzeichnung* existieren, denn es zieht mich nicht nach Indien.

Nun hatte ich aber die Gelegenheit, mit mehreren Menschen zu sprechen, die die Reise zu den Palmblattbibliotheken unternommen hatten. Sie bestätigten mir, dass es ein sehr einschneidendes prägendes Erlebnis ist, wenn der *Nadi-Reader*, der dich vorher noch nie gesehen hat, dein Leben aus einem konservierten Palmblatt lesend vor dir ausbreitet. Zufall? Wohl kaum.

Ausgehend von den obigen Ausführungen könnte man nun meinen, dass man nichts mehr zu entscheiden hätte, weil alles vorherbestimmt sein muss. So ist es aber nicht. Hier gilt ein ungefähres Verhältnis von 50 Prozent zu 50 Prozent. 50 Prozent des Lebensinhaltes sind durch die *Lebensplanung* (das sind die wesentlichen Eckpunkte des Lebens[24]) und *karmische Wirkungen*[25] aus Vorleben festgelegt und die anderen 50 Prozent unterliegen dem freien Willen.

*Sylvia Browne betont,* dass die *Lebensplanung* den freien Willen keineswegs einschränke:

*"Zu den häufigsten Irrtümern in diesem Zusammenhang gehört, dass wir ohne freien Willen auf die Erde kommen. In Wirklichkeit stehen uns aber bei jeder Einzelheit zahlreiche Entscheidungen offen. Wenn in ihrem Lebensplan vermerkt*

---

[23] Rudi Berner: Auf ein Wort - Eine Reise zum Gipfel der Philosophie, überarbeitete Neuauflage 2010, Verlag Art of Arts Forchheim, S. 113 f.

[24] So wählen wir bei der Aufstellung des Lebensplanes u.a. unsere Eltern, unsere Geschwister, unser Aussehen, Ort und Zeitpunkt unserer Geburt, Freunde, Partner, Liebhaber, Widersacher, Beruf, Aufenthaltsorte, Wohnorte, Talente, Schwächen und mehrere Varianten von Todesarten und Todeszeitpunkten (die Ausstiegspunkte genannt werden).

[25] Das Karma nötigt uns dazu, immer wieder zu inkarnieren, um die Probleme, die wir uns durch unser Tun in einer der vorherigen Inkarnationen selbst geschaffen haben, nach und nach aufzulösen. Jede neue Inkarnation ist eine neue Möglichkeit des Lernens und eine Chance zur Auflösung alter karmischer Anhaftungen.

*ist, dass Sie sich als Vierjährige einen Schnupfen holen, liegt es bei Ihnen, ob Sie sich ins Bett legen und die Sache unbeschadet überstehen. Wenn Ihr Lebensplan vorgibt, dass Sie mit 20 zur Geburtstagsfeier einer Freundin eingeladen werden, können Sie wählen, ob Sie die Einladung hochnäsig ignorieren oder per Telefon oder Brief höflich absagen, ob Sie hingehen und sich langweilen oder hingehen und sich amüsieren. ... Der Lebensplan lässt viele Optionen offen, was deutlich macht, dass für die Einschätzung unseres Lebens nicht entscheidend ist, was uns begegnet, sondern wie wir es bewältigen."*[26]

Der wohl wichtigste Aspekt eines *Lebensplanes* ist das *Lebensthema*. Jeder *Inkarnierte* hat ein solches *Lebensthema* in seinen Plan aufgenommen. Hierbei werden ein Haupt- und ein Unterthema bestimmt. Mit dem *Lebensthema* wird auch das Ziel festgelegt, das wir in unserem Erdendasein erreichen wollen. Dies ist die *Lebensaufgabe*, die sich jeder *Inkarnierte* gestellt hat. *Sylvia Browne* vergleicht den *Lebensplan* mit einer detaillierten Straßenkarte, die die gesamte Lebensroute erfasst. Hierbei gäbe das Hauptthema den Weg vor und bilde das Unterthema ein wiederkehrendes Hindernis, das vor dem *Inkarnierten* im Laufe seines Lebens immer wieder auftauche. *Sylvia Browne* nennt insgesamt 44 Lebensthemen.[27] Dies sind unter anderem:

- Ablehnung
- Einzelgänger
- Geduld
- Gefühle
- Gewinner
- Harmonie
- Kontrolle
- Krieger
- Menschenfreund
- Opfer
- Retter
- Spiritualität
- Täter
- Toleranz
- Überleben
- Verfolgter
- Verlierer

Alle *Lebensthemen* hier aufzuführen und weitergehende Erläuterungen zu geben, würde den Rahmen dieses Kapitels sprengen. Jedoch zeigt schon die oben

---

[26] Sylvia Browne: Phänomene - Die Welt des Übersinnlichen aus medialer Sicht, 1. Auflage, Wilhelm Goldmann Verlag München, S. 249 f.

[27] Sylvia Browne: Phänomene - Die Welt des Übersinnlichen aus medialer Sicht, 1. Auflage, Wilhelm Goldmann Verlag München, S. 252 ff.

wiedergegebene Auswahl an Themenbegriffen, dass diese *Lebensthemen* für den Einzelnen tatsächlich prägend sein können. Eine geradezu prägnante Dualität stellen die Begriffe *Täter* und *Opfer* dar. Hierbei darf man diese *Lebensthemen* nicht automatisch in einen Zusammenhang mit Straftaten bringen. *Täter* und *Opfer* gibt es in allen Lebenslagen. So kann es sich bei *Tätern* auch um kontrollbesessene Menschen, Stalker oder egozentrische Despoten handeln, die in einer Relation zu ihren *Opfern* stehen und deren Rolle durch ihre Handlungen bestimmen. Hierbei kann es auch zur Lebensaufgabe eines Betroffenen gehören, seine *Opferrolle* abzulegen und die Freiheit von Unterdrückung und Abhängigkeit zu gewinnen. Allerdings sind die *Lebensthemen* und *Lebensaufgaben* so vielschichtig und komplex, dass es unmöglich ist, jede Nuance zu erläutern. Die Einteilung in 44 *Lebensthemen* mag zwar eine Orientierung erlauben, erscheint mir aber unvollkommen.

Fazit:
Unsere eigentliche Heimat ist das *Jenseits*, wo sich unser *Ich-Bewusstsein* (die *Geist/Seele-Einheit*) in allumfassender Liebe, frei von allen Schranken materieller Süchte und Begierden entfalten kann. Von Zeit zu Zeit suchen wir die *materielle Welt* auf, um uns dort durch besondere Erfahrungen fortzuentwickeln, indem wir in einen Körper inkarnieren. Bevor wir die *Reinkarnation* vollziehen, stellen wir uns selbst einen Plan für unser jeweiliges irdisches Leben zusammen. Dieser Plan ist nach der *Inkarnation* hinsichtlich der festgelegten Eckpunkte nicht mehr wandelbar. Etwa 50 Prozent unseres Lebens unterliegen dem Plan und karmischen Wirkungen aus früheren Leben. Die anderen 50 Prozent unterliegen dem freien Willen, wobei sich dieser nur im Rahmen des *Lebensplanes* entfalten kann. Daher kann nicht jeder Wunsch oder jedes Begehren Realität werden. Es nützt hierbei auch nichts, etwas mit der "Brechstange" erreichen zu wollen. Wenn beispielsweise ein anderer Mensch deine besondere Aufmerksamkeit findet und du dir nichts sehnlicher wünschst, als mit ihm eine Beziehung zu haben, wird dies nicht funktionieren, wenn es nicht in deinem Lebensplan steht. Lediglich die Erfahrung einer Sehnsucht, die sich leider nicht erfüllt, ist dann im Plan vermerkt. Soweit man nun ungehalten ist, dass es so kommt und nicht anders, so führe man sich immer vor Augen, dass man allein für seinen *Lebensplan* verantwortlich ist, denn man hat ihn selbst so festgelegt. Wenn man hingegen in den Fluss des Lebens eintaucht, wie man es in den eigenen Plan geschrieben hat und insbesondere seiner *Lebensaufgabe* folgt, wird alles besser laufen. Man folge hierbei seiner *Intuition*, denn sie wird helfen, die korrekte Richtung zu finden. Dabei ist auch das *Loslassen* alter Themen und das Lösen von *karmischen* und *menschlichen Verstrickungen* wichtig. Das Bewusstwerden über die Planungen des Lebens wird dir helfen, das eigene Leben besser zu bewältigen.

# Kapitel 4 - Erkennen und Loslassen

Geht es dir manchmal so, dass du ins Grübeln kommst und du dich fragst, ob das Leben, welches du gerade führst, das Leben ist, was du führen möchtest? Du steckst vielleicht in einer Ehe, die schon lange Jahre andauert, aber dich deiner eigenen Freiheit im Denken beraubt. Dein Partner versteht deine Art des Denkens und Handelns nicht. Du fühlst dich nicht wohl und freust dich nicht, wenn es Feierabend ist oder das Wochenende naht, weil du dich in deinem Job noch freier fühlst, als in der Beziehung mit deinem Partner. Läufst du gerade wegen einer Erkrankung von einem Arzt zum anderen, ohne das dir irgendeiner auch nur ansatzweise geholfen hätte? Schluckst du vielleicht schon jahrelang einen Tablettencocktail nach dem anderen, weil die Nebenwirkung eines Medikamentes bedingt, dass du weitere Berge an Chemie zu dir nehmen musst? Findest du dich beim Blick in den Spiegel unattraktiv oder gar hässlich? Hast du den Zwang, jeden Tag zwei Flaschen Bier zu trinken – weil es dich ruhiger macht und du dich besser fühlst? Hast du deinen Job verloren und dich seit Monaten erfolglos bemüht, eine neue Stelle zu finden?

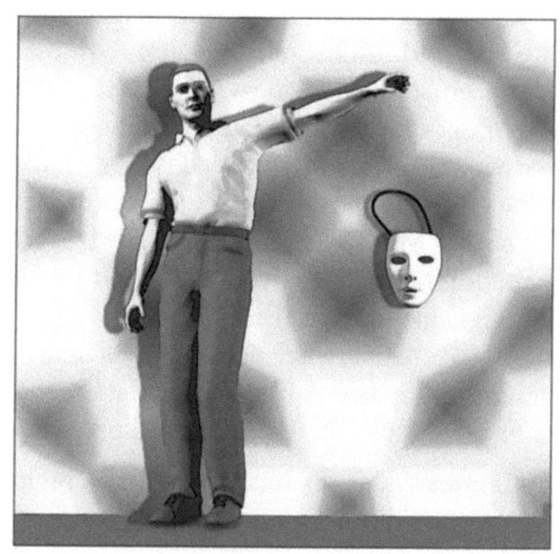

Das authentische Ich

Zugegeben, jedes der vorgenannten Fragebeispiele ist für sich exemplarisch. Mancher kommt mit diesen Lebenssituationen zurecht, weil er gar kein Problem sieht. Um diese Menschen geht es mir nicht. Es geht um Menschen, die unglücklich, unzufrieden, depressiv und krank sind und mit ihrer Situation nicht klarkommen. Gehörst du dazu? Was wäre für dich die Lösung?

Meine Lösung heißt: *Erkenne dich selbst und ändere, was dir nicht gefällt!* Das ist eine ganz einfache Regel, aber für viele Menschen doch so schwer. Wenn du in einer Ehe steckst, die dich kaputtmacht, dann überlege, was zu tun ist? Wenn du erkannt hast, dass sich etwas ändern muss, dann ist dieses Erkennen auch ein Teil deines *Lebensplanes*. Allerdings solltest du auch einen Entschluss fassen. Suche hierbei nicht nach Ausreden! Denke auch nicht darüber nach, was das alles für Konsequenzen hat, denn du schaffst dir damit nur wieder eine

Alibibegründung, um den notwendigen Schritt nicht zu tun.

Sich selbst zu erkennen heißt, seine Situation zu analysieren, nüchtern zu betrachten und zu überlegen, was zu ändern ist. Schau dich doch einfach mal aus der Sicht eines *Beobachters* an. Wie würdest du dich einschätzen, wenn du die Sichtweise auf dich selbst, sagen wir mal aus dem Blickwinkel eines völlig Fremden einstellen würdest? Es ist vielleicht schwer, sich das vorzustellen. Der *Beobachter* würde nach einer gewissen Zeit einiges sehen. Etwa, dass du irgendwie unglücklich wirkst, dass du kränklich bist, dich selbst bemitleidest und der Zweifel dein ständiger Begleiter ist. Stell dir vor, du wärest dieser *Beobachter*. Möglicherweise müsstest du dich selbst bedauern und Mitleid mit dir haben. Haderst du mit dir selbst und belässt alles beim Alten? Dann hättest du ein Schicksal in den Plan geschrieben, das beinhaltet, nur Erfahrungen zu sammeln. Zum Beispiel solche, dass man im irdischen Leben verzweifelt sein kann, dass alles so schlimm und trist erscheinen kann, dass man daran zerbricht. Aber es ist sicher eine Erfahrung, die keine Erfüllung bringt.

Was könntest du also tun, um dein Schicksal (entsprechend des *Lebensplanes*) auf einen positiven Erfahrungsweg zu bringen? Vielleicht nimmst du dir einen Zettel und schreibst spontan auf, was dir an deinem Leben nicht gefällt. Vielleicht wird dein Zettel schnell gefüllt sein. Überlege nicht groß, ob dir was gefällt oder nicht. Halt dich nicht an Kleinigkeiten auf. Die Frisur des anderen Partners interessiert hier zum Beispiel weniger. Sei spontan, höre in dich hinein. Ein "eigentlich" darf es hierbei nicht geben, denn "eigentlich" heißt "Nein!" Wenn du dir zum Beispiel sagst: "Eigentlich bin ich mit meiner Ehe zufrieden!" dann heißt dies: "Ich bin nicht glücklich!" Wer eine glückliche Ehe führt, der kennt kein "eigentlich", kein "naja" und kein "Wenn und Aber". Er sagt nur: "Ich bin glücklich! Ich liebe meinen Partner! Sie/Er ist ein untrennbarer Teil meines Lebens!"

Denk einmal über diese inneren Einstellungen deines Ichs zu anderen Themen nach; etwa zu deinem Job und Beruf, zu deinem Gesundheitszustand, zu deinem Alltag, zu deinen Hobbys (wenn du welche hast), zu deinen Bekanntschaften. Sind es wirkliche Freunde? Sind es Menschen, zu denen du Kontakt haben solltest? Verlangen sie immer etwas bevor sie etwas geben?

Also, dein Zettel ist gut gefüllt? Vielleicht hast du auch nur eine wichtige Sache aufgeschrieben? Macht nichts! Du hast begonnen, dich selbst zu erkennen. Das war der wichtigste Schritt. Das ist sehr gut! Jetzt überlege; das "Was" hast du schon bestimmt! Als Nächstes musst du ein Ziel bestimmen. Wohin willst du? Was willst du erreichen? Das Ziel könnte also lauten, ein glückliches Leben zu haben!

Okay, das Ziel ist bestimmt! Jetzt solltest du dir die Frage stellen: *Wie komme ich zu diesem Ziel?* Wie willst du die Dinge verändern, die dich (zer)stören, die dich unglücklich und krank machen? Fasse die notwendigen Schritte so kurz wie möglich. Verkompliziere es nicht, indem du einen generalstabsmäßigen Plan entwickeln willst. Das wird nicht funktionieren. Also, wenn du in deiner Ehe unglücklich bist, dann schreibe hinter das Wort "Ehe" die dir intuitiv zufallende Lösung des Problems, zum Beispiel das Wort "Trennung" (selbstverständlich können das auch andere Ansätze sein, z.B. "Aussprache", "Ehetherapie" usw.). Ein Stichpunkt reicht meist völlig aus. Wie du die Lösung vollziehst, ergibt sich von selbst. Du musst nur den Willen haben, es zu tun. Du musst deinen Entschluss fassen! Lass dir ein paar Tage Zeit und denke darüber nach. Stelle dir das Ergebnis als für dich positiv dar, ohne Zweifel und Skrupel. Es ist schwer, aber es funktioniert.

*Wie aber bist du so geworden, wie du heute bist?*

Zur Beantwortung dieser Frage verweise ich auf ein sehr gutes Buch, das zwar Form eines Romans geschrieben ist, jedoch dem Leser Erkenntnisse wie aus einem Sachbuch vermittelt. Der folgende Abschnitt basiert auf Aussagen, welche diesem Buch von *Ella Kensington*: *Die 7 Botschaften der Seele*, *Botschaft 1*, auf den Seiten 50 bis 55 entnommen wurden.[28] Ich habe diese Aussagen aus dem Dialog zweier Hauptfiguren des Romans in den Sachbuchkontext übernommen und mit meinen Worten unter Hinzusetzung eigener Aussagen nachfolgend zusammengefasst:

Zu Beginn deines jetzigen Lebens bist du die *Geist/Seele-Einheit*, die gerade eben in den kleinen Menschenkörper inkarniert ist. Unmittelbar bis zur Beseelung des Körpers ist dir noch bewusst, wer du bist. Der Beginn des Menschseins ist der Zeitpunkt, zu dem die *Geist/Seele-Einheit* den neuen physischen Körper in Besitz nimmt. Das muss nicht notwendigerweise die Geburt sein. Er liegt irgendwo zwischen Zeugung und Geburt. Dieser Beginn ist individuell, das heißt die *Geist/Seele-Einheit* inkarniert zu dem Zeitpunkt, zu dem es ihr am zweckmäßigsten ist. Dies hängt sehr stark von deinem *Lebensplan* und der *Lebensaufgabe* ab, die du in diesem Leben absolvieren möchtest. Bevor du ein körperliches Wesen wirst, hast du bereits deine *Lebensmatrix* programmiert und dein Ziel bestimmt, das du erreichen möchtest. Zunächst musst du beim Eintritt in den Körper einen Filter passieren, der dein bisheriges Wissen ausblendet. Ich nenne diesen Filter, den *Filter der Unbewusstheit*. Er bewirkt, dass du dir nach der Verschmelzung mit deinem neuen Körper nicht mehr darüber bewusst bist, dass du wiedergeboren wurdest, das *Jenseits* deine eigentliche Heimat ist und du einen Plan für dieses Leben aufgestellt hast. Da wir zu diesem Zeitpunkt ohne bewusstes Wissen sind, sind wir am Anfang unseres neuen Lebens naturgemäß auf andere Menschen angewiesen. Bei den allermeisten Menschen sind es die Eltern, die sie umsorgen und ihnen ihr Wissen und ihre Überzeugungen vermitteln. Sie prägen also von Anfang an die

[28] Ella Kensington: *Die 7 Botschaften der Seele*, 1. Auflage, Wilhelm Goldmann Verlag München, S. 50 - 55

Persönlichkeit und bestimmen das Denken und Handeln ihrer Kinder. Je intensiver du die Prägung deiner Eltern annehmen willst, desto früher gehst du in deinen embryonalen Körper. Warum tust du das? Dafür gibt es zwei Gründe. Zum einen hast du durch diese Maßnahme die Möglichkeit, auf ganz bestimmte Schwierigkeiten im Leben zu stoßen, die durch die Prägung deiner Eltern sehr wahrscheinlich auftreten werden (Tolle "Aussicht", jetzt stellt sich bei dir sicher die Frage: Wieso will ich auf Schwierigkeiten stoßen?). Zum anderen bist du an deine Eltern gebunden, denn du wächst zunächst ohne bewusstes Wissen in dieser Welt auf, in der du ohne deine Eltern nicht überleben könntest. Zunächst sind dir nur Grundinstinkte gegeben, die dich in die Lage versetzen, deinen Eltern durch Schreien verständlich zu machen, wenn du Hunger oder Schmerzen hast, deine Windel voll ist oder du ihre liebevolle Nähe suchst. Du bist also zunächst ganz von ihnen abhängig, und das merkst du auch sehr schnell. Im Zuge deiner körperlichen und geistigen Entwicklung wandelt sich die zunächst einfache Interaktion mit deinen Eltern zu einer immer komplexeren, bei der du schließlich die Prägungen durch deine Eltern über deine Sprache, deine Mimik, deine Gestik und deine Handlungen über dein erlerntes neues Wissen widerspiegelst. Deine frühe Entwicklung ist der erste Ausfluss des Denkens einer Gruppe – deiner Familie. Durch dieses Gruppendenken kommt es zu einem stärkeren Zusammenhalt, der das Überleben des einzelnen Gruppenmitgliedes sicherer macht. Um in deiner Familie ohne große Probleme leben zu können, musst du dich so verhalten, dass dieses Verhalten von den Anderen akzeptiert wird. Deine Familie zeigt dir, wie du dich nach ihrem Muster außerhalb der Gruppe zu verhalten hast, um auch dort überleben zu können. Du wirst also darauf vorbereitet, eine noch nie da gewesene Situation entsprechend des Familiengeistes zu meistern. Verstehst du? Durch diese akzeptierte Denkweise wirst du auch in solchen Situationen vermeintlich richtig handeln. Du nimmst deshalb eine Rolle in deinem Leben an, weil du nur dadurch zur Familie gehören kannst. Du merkst als Kind auch sehr schnell, dass du geliebt wirst, wenn du dich an die Rolle hältst, und dass du bestraft wirst, wenn nicht. Man nennt diesen Vorgang Erziehung. Du spielst also zunächst die Rolle, die in deiner Familie gefordert wird. Danach kommt der Kindergarten, die Schule, der Verein, der Beruf, die eigene Familie und so weiter. Dann spielst du viele verschiedene Rollen. Du bist scheinbar immer jemand anderes, wenn du mit anderen Menschen zusammenkommst. Jedoch kommen in immer neuen Gruppen grundsätzlich die gleichen Mechanismen zum Tragen, wie in deiner Familie. Wenn du die gleiche Denkweise akzeptierest, wirst du anerkannt, und wenn nicht, gemieden. Bedeutet das, dass du überall wo du hingehst, deine Handlungen ausschließlich nach anderen Menschen und Gruppen richtest und du keine eigene Meinung mehr hast? Ganz so ist es nicht. Sehr wohl kannst du eine andere Meinung haben und diese auch äußern, ohne dass du dafür bestraft oder abgelehnt würdest. Dies wird aber nur dann von der jeweiligen Gruppe akzeptiert, wenn es dem Gruppenkodex entspricht. So mag dein Widerspruch zu einer im Unterricht geäußerten Aussage deines Lehrers deshalb akzeptiert werden, weil solches Auftreten in der Schule gewollt ist und es dem Bildungsauftrag entspricht, selbstbewusste Persönlichkeiten mit einer eigenen Meinung heranzuziehen. Jedoch lässt sich ein solches Verhalten in einer anderen Gruppe nicht ohne Weiteres wiederholen. So wird es ein Vorgesetzter beim Militär wohl kaum akzeptieren, wenn du in ähnlicher Manier über gegebene Befehle diskutieren wolltest. Wie dieses Beispiel zeigt, können verschiedene Gruppen bei gleichen oder ähnlichen Konstellationen von dir unterschiedliche Reaktionen abverlangen. Was passiert schlussendlich mit deinem Denken und Handeln, wenn du längere Zeit Mitglied einer bestimmten Gruppe bist? Du passt dich ihr an, um dazuzugehören. Das geschieht natürlich nur, wenn ihr in eurer Sichtweise nicht so weit auseinanderliegt. Wenn es keine gemeinsame Basis gibt, wirst du nicht zu der Gruppe gehören wollen, oder wenn du aus beruflichen oder sonstigen Gründen dazu gezwungen bist, wirst du ein Außenseiter bleiben, wer von den Anderen gemieden wird. Verstehst du nun, was mit den Rollen gemeint ist und wie sie entstehen?[29]

Da du jetzt vielleicht erkannt hast, dass du eine oder viele Rollen spielst, ist ein erster Schritt getan, um sich selbst zu erkennen. Überlege, ob du die Rolle so noch spielen kannst und dies möchtest, wenn du dich selbst nun mit anderen Augen siehst. Das Bewusstwerden der *Rollenspiele* versetzt dich in die Lage, dein Leben anders und vor allem bewusster zu leben. Sieh dein Lebensumfeld mit anderen Augen; du wirst erstaunt sein oder dich vielleicht sogar amüsieren, wie andere Menschen denken und handeln (müssen). Wenn du so weit im Denken bist, dann hast du die Fäden, an denen du wie eine Marionette hängst, erfolgreich zerschnitten.

Die Verhaltensweisen und die Gewohnheiten jedes Einzelnen wurden also geprägt. Wir alle spielen daher Rollen, die uns irgendwie aufgedrückt wurden und werden. In diesem Zusammenhang stellt sich die Frage:

*Werden wir durch weitere äußere Einflüsse dazu gebracht, keine eigenen Entscheidungen (mehr) zu treffen?*

*Welche äußeren Einflüsse könnten dies sein?*

An vorderster Front der die eigene Persönlichkeit einschränkenden Einflüsse stehen die Medien und bei denen an Rangstelle 1 das Fernsehen.

Da sitzt zum Beispiel eine breite Masse täglich vor dem TV-Gerät und lässt sich durch diffuse Boulevardsendungen berieseln. *Explosiv*, *Exclusiv*, *Brennpunkt*, *Leute heute* und wie diese Sendungen noch so heißen, durch die der geneigte Zuschauer die neuesten "aufregenden" Dinge über die Menschen erfahren kann,

---

[29] Ende des Abschnittes, auf welchen Bezug genommen wurde.

die man Stars und Promis nennt. Ja das wird dann am nächsten Tag noch eines der Gesprächsthemen in der Firma, dass zum Beispiel Heidi Klum eine neue Frisur hat. "Hast du die gesehen? Die muss ich auch haben!" Feuer frei. Der Promi lässt einen Furz und der werte TV-Schauer klatscht Beifall und findet diese Suppe auch noch wohlriechend. Meine Frage, die sich bei solchem Verhalten an die "TV-Sauger" richtet, ist: *Habt ihr keine eigene Orientierung?*

Ich kopiere keinen "Star", denn ich möchte ganz einfach keine Kopie sein. Ich bin selbst ein Original. Ich bin einzigartig und möchte es auch bleiben. Mein Geschmack richtet sich nicht nach dem von anderen Menschen.

Dann gibt es da noch illustre Unterhaltungssendungen, die allabendlich in die Wohnstuben flimmern und dem TV-Publikum eine kurzweilige Ablenkung vom Alltag bieten. Die Sendung "Bauer sucht Frau" erwärmt unser Herz; das Quiz "Wer wird Millionär?" erweitert unser Wissen, die Samstagabendshow "Wetten, dass?!" verbindet Jung und Alt und bei der Castingshow "Deutschland sucht den Superstar" können wir mit Spannung verfolgen, wie aus Nobodies "Superstars" werden. Klingt das alles nicht toll? *Was aber ist das, wenn du deine Aufmerksamkeit dem Inhalt solcher Sendungen widmest?* Es ist eine Vergeudung deiner Potenziale, denn wenn du Fernsehen schaust, ist deine Aufmerksamkeit an die ausgestrahlten Inhalte gebunden. Auch wird durch Reizauslösungen des Fernsehens unterdrückt, dass wir Menschen in unsere Ruhe kommen und uns richtig tief entspannen können. Viele Menschen sagen zwar, sie fänden das Fernsehen entspannend, jedoch ist dies ein Trugbild. Da uns das TV immer und jederzeit mit Inhalten zuschüttet, sind wir ständig dabei, uns über diese Inhalte Gedanken zu machen. Das Lesen eines Buches, sinnvolle Unterhaltungen und besondere Momente, die unsere Aufmerksamkeit verdienen sollten, sind dann unmöglich.

Als ich an einem Januarabend 2014 einen wunderschönen Sonnenuntergang einer Thüringer Berglandschaft beobachtete, wunderte ich mich, dass ich kaum Menschen begegnete. Es war ein milder Januarsonntag. Das Wechselspiel von Sonne, Wolken und Licht war atemberaubend. Als ich dann im Dunklen heimlief und hinter den gardinenverhangenen Fenstern der Häuser das Flimmern der vielen Fernseher bemerkte, war mir klar, dass sich diese Menschen mit einem künstlichen Sonnenuntergang aus der Glotze begnügen und die Schönheit der Natur gegen die virtuelle Welt eingetauscht hatten. *Was würde nun geschehen, wenn der Strom ausfällt oder kein einziger TV-Sender mehr Sendungen ausstrahlt? Würdest du es mit einem Lächeln hinnehmen und dir Zeit für Dinge nehmen, die auch ohne TV-Gerät und Strom getan werden können?* Die Antwort auf diese theoretische Frage kannst du dir nur selbst geben! Wenn du jedoch fluchend auf Gott und die Welt schimpfst, weil dir ein Abend ohne Fernsehen ganz und gar nicht gefällt, dann hat sich bei dir die Einflussnahme durch das Fernsehen zu einer Sucht entwickelt, die wesentliche Teile deines Lebens bestimmt. Dann hast du ein Problem mit dem *Loslassen*!

Wie sieht es in deiner Partnerschaft aus? Verlangst du regelmäßig, dass dein Partner sich pünktlich meldet, dass er wahrheitsgemäß und vollständig sagt, was er jetzt gerade vorhat, was er kaufen will und welche Leute er in den nächsten zwei Tagen trifft? Gibst du ihm alles vor, was er zu tun und zu lassen hat? Bist du misstrauisch, wenn seine SMS noch nicht eingegangen ist, dass er jetzt angekommen ist? *Hey der müsste doch da sein! Warum meldet der sich nicht.* Du starrst auf dein Handy, aber da rührt sich nichts. *Das kann doch nicht sein!* Du wirst immer ungeduldiger. Da ist irgendetwas im Busch! Wutentbrannt schickst du eine SMS. Du starrst auf dein Handy, doch da rührt sich weiter nichts. Wenig später bekommst du einen Anruf, du kennst die Nummer nicht, aber es die Stimme deines Partners. *„Hey Schatz, wollte dir nur sagen, dass ich gut angekommen bin. Hätte ich dich schon eher kontaktiert, aber mein Handyakku ist leer, muss ihn erst laden."* Dir fällt ein Stein vom Herzen, die ganze Aufregung war für die Katz! Du hattest ein Problem, du konntest nicht loslassen!

Dir fehlt das Vertrauen. Du lullst dich ein in Angstzustände und Fiktionen, die mit der Realität nichts zu tun haben. Das hemmt dein Selbstvertrauen und schnürt dich ein. Es packt dich, wenn du dich packen lässt und es wird dich negativ verändern. Auf die Dauer wird es auch dein Verhältnis zu deinem Partner verändern, denn fehlendes Vertrauen wandelt sich in Misstrauen und Eifersucht. Wenn du das weiter vertiefst, dann ist das der Anfang vom Ende deiner Beziehung. Du solltest im Übrigen bedenken, dass jeder Mensch eine Grundausstattung an Freiheiten braucht. Wenn du deinem Partner da nicht ein Krümelchen mehr zugestehst, dann wird er eines Tages die Trennung vollziehen, um sich mit einem Schlag zu befreien. Um dies zu verhindern, heißt die einfache "Zauberformel": *Loslassen*!

Hast du dich bereits von deinem Partner getrennt? Führt ihr einen Rosenkrieg? "Schlagt" ihr euch um Toaster, Teller und die Kinder? Schickt ihr euch wie beim Pingpong Nachrichten hin und her, mit welchen der eine immer auf das reagiert, was der andere ihm gerade vorhält. Bist du nicht in der Lage mal nicht zu antworten? Sitzt in dir der Stachel der Verbitterung und willst du es deinem ehemaligen Partner "heimzahlen" koste es, was es wolle? Dann hast du ebenfalls ein Problem mit dem *Loslassen*!

Ich könnte hier noch viele alltägliche Beispiele aufführen, die das Problem mit dem *Loslassen* veranschaulichen. Wir alle geben uns mit dem – vielleicht unbewussten - Festhalten an bestimmten Verhaltensmustern konkreten Zwängen hin, ohne darüber nachzudenken, ob das Leben nicht viel einfacher sein könnte, wenn man sich von diesem Denken befreit.

Das *Loslassen* ist eigentlich so einfach. Aber für viele Menschen ist es umso schwerer, weil sie jahrelang in eingefahrenen Gleisen fuhren und ein Wechsel im Denken so "kompliziert" ist. Ist er tatsächlich so kompliziert? Nicht wirklich!

Wie kannst du loslassen?

1. Betrachte deine jeweilige Situation und schätze für dich ein, ob du gerade irgendeinem Zwang unterliegst, der dich zu einem bestimmten Verhalten verleitet, was sich ständig wiederholt. Sieh dich einmal wie ein Mensch, der dich wie ein Dritter beobachten und analysieren würde.
2. Entscheide dich, ohne einem Automatismus zu folgen.
3. Lebe bewusster und halte öfters inne. Stell dir die Frage: Muss das jetzt so sein? Muss ich jetzt (so) reagieren?
4. Wenn es die Situation nicht erfordert, dann reagiere nicht, sondern beobachte (was kommt, wenn du nicht reagierst; das kann für sich genommen höchst amüsant werden)!
5. Folge deiner inneren Stimme und mache dir bewusst, dass sich die Dinge auch selbst regeln können. Du bist nicht der Bauchnabel der Welt!

Fazit:
Ein wichtiger Schritt, um sich aus Zwängen, Verstrickungen und Süchten zu befreien, ist es, solche überhaupt einmal zu erkennen. Ausgangspunkt für das Erkennen ist die Betrachtung der jeweiligen Lebenssituation, in der man sich gerade befindet. Wenn man erkannt hat, was einen (zer)stört, kann man nach Lösungen suchen, die das Problem umfassend und restlos beseitigen. Beim Erkennen ist das Bewusstwerden über *Rollenspiele* wichtig. Bestimmte Rollen haben wir seit unserer *Inkarnation* unbewusst angenommen, in dem wir in verschiedene Gruppen (Familie, Freundeskreis, Schulklasse, Verein usw.) aufgenommen wurden und der jeweilige *Gruppenkodex* unser Verhalten prägt. Sobald wir uns darüber bewusst sind, dass wir in einer Situation eine Rolle spielen sollen, die uns nicht gefällt, können wir uns dem *Rollenspiel* entziehen in dem wir das mentale Seil, an dem wir gezogen werden, loslassen oder durchschneiden.

## Kapitel 5 - Die Kraft der Gedanken

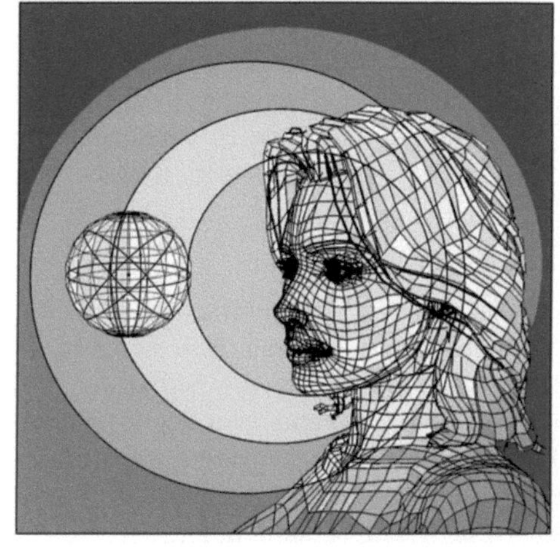

Erschaffen Gedanken Realität?

Es wird gemeinhin als unumstößliche Tatsache angesehen, dass sich Gedanken ausschließlich im eigenen Kopf abspielen und nur in die Außenwelt vordringen, wenn wir sie laut aussprechen oder durch Handlungen in die Tat umsetzen. Nun stelle ich wieder eine provokative Behauptung auf, in dem ich dir sage: *Der bloße Gedanke an sich verändert bereits die Realität!* Eine fixe Idee von mir? Mitnichten! Viele Wirkungen im Leben stellen sich als Reaktionen auf bloße Gedanken dar. Ein Gedanke wird plötzlich Wirklichkeit, obwohl er gar nicht ausgesprochen oder durch eine Handlung manifestiert wurde. Auch du hast dies schon einmal erlebt. Mein Standardbeispiel ist da immer der plötzliche Anruf eines guten Freundes, an den man gerade gedacht hat. Ich meine damit nicht den guten Kumpel, den man jede Woche zur Skatrunde trifft, sondern einen Schulkameraden, den man mehrere Jahre nicht gesehen hat. Irgendeine Situation ließ mich an ihn denken und ich überlege, dass es doch toll wäre, mal wieder mit ihm zu sprechen. Keine fünf Minuten später klingelt das Handy und er ist dran. Ich glaube, wir alle haben so eine Situation schon einmal erlebt. Da kommt dann so ein erstaunter Ausruf wie: "Mensch das gibt es doch gar nicht! Ich habe gerade an dich gedacht! Was für ein Zufall!" Du stellst dir jetzt vielleicht die Frage: *Wie kann es sein, dass mein Umfeld auf meine nicht ausgesprochenen Gedanken reagiert?* Du magst jetzt denken: *Das ist doch New-Age Schwachsinn!* Vom streng *materialistischen Standpunkt* aus betrachtet mag eine solche Wertung nachvollziehbar sein; es gibt aber Beweise für meine Behauptung, die nicht ignoriert werden können. Zuerst einmal sollte man sich von der Vorstellung lösen, dass alles um uns herum grundsätzlich gedanklich unbeeinflussbare *Materie* sei, die nur dahin gehend veränderlich wäre, dass sie auf Grund verschiedener äußerlicher Bedingungen zum einen von einem in einen anderen

Aggregatzustand wechseln[30] oder zum anderen durch massive energetische Einwirkungen die Form verändern könne[31]. Üblicherweise sehen wir *Materie* als etwas Festes an. Ein Stein ist massiv und bleibt dies auch. Oberflächlich betrachtet sind es also feste Strukturen, die den Stein massiv und schwer machen. Dringen wir jedoch in die tieferen Ebenen des Steines vor, dann stellen wir erstaunt fest, dass *Materie* fast ausschließlich aus Luft besteht! Ich kann mir jetzt vorstellen, dass diese Behauptung bei dir ein Kopfschütteln verursacht! Das ist völlig in Ordnung; ich kann es verstehen. Um dir jedoch zu vermitteln, warum ich diese kühne These aufstelle, müssen wir zunächst einmal folgende Frage klären:

*Was ist eigentlich Materie?*

*Materie* ist - vereinfacht betrachtet - nichts anderes als ein im Wesentlichen leerer Raum. Dringt man nämlich tiefer in die Materie vor (ein sehr bekanntes Wortspiel) und betrachtet die Strukturen des eben erwähnten Steins auf der *atomaren Ebene*, so kann man schon nachvollziehen, warum er hauptsächlich aus Luft besteht. Ein *Atom* besteht aus einer Hülle und einem im Vergleich zu seinem Gesamtvolumen winzigen Kern.[32] Zur Veranschaulichung: Würde man ein *Atom* auf die Größe einer Kathedrale aufblähen (man stelle sich zum Beispiel den Petersdom in Rom vor), so entspräche der Kern in etwa der Größe einer Fliege. Hierbei entfällt beinahe die gesamte Masse des *Atoms*, das sind 99,95 Prozent, auf diesen winzigen Kern. Wir hätten demnach eine sehr schwere Fliege. Der *Atomkern* ist - je nach Art des Elements zu dem er gehört - im Durchmesser zehntausend - bis hunderttausend mal kleiner als die *Atomhülle*.[33] Das *Atom* als Grundbaustein der *Materie* besteht somit fast ausschließlich aus leerem Raum. Wir alle kennen wahrscheinlich aus der Schule

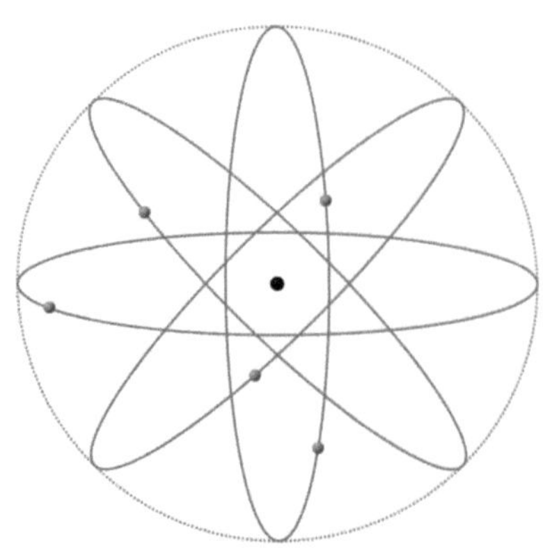

Schematisch sehr vereinfachte Darstellung eines Atoms

[30] Beispiel: Wasser in Eisform = fester Zustand, Wasser in Ursprungsform = flüssiger Zustand und Wasserdampf = gasförmiger Zustand

[31] Beispiel: Der Rohstahl wird durch den Schmied in der Esse durch Erhitzen zum Glühen und so dann durch mechanische Einwirkung mittels Hammerschlägen auf dem Amboss in eine andere Form gebracht.

[32] Die Atomhülle besteht aus Elektronen und der Atomkern aus Neutronen und Protonen.

[33] Quelle: http://de.wikipedia.org/wiki/Atom#Bestandteile_des_Atoms

das Modell eines *Atoms* mit einem festem *Atomkern* und *Elektronen*, die um diesen kreisen. Das ist eine zu schematische, sehr vereinfachte Darstellung, die ein grundsätzlich falsches Bild vermittelt. Wie sich durch die Erkenntnisse der *Quantenphysik* ergab, sind die kleinen "festen" *Atome* in Wirklichkeit nur *temporäre Verdichtungen* eines *Energiefeldes*. Im offiziellen Buch zum Erfolgs-Dokumentarfilm *Bleep*[34] kommt man diesbezüglich zu folgender Aussage:

*"Und nun legen neueste Forschungsergebnisse nahe, dass der sogenannte leere Raum innerhalb und zwischen den Atomen gar nicht leer ist; er ist so voll mit Energie, dass ein Kubikzentimeter - ein Fingerhut voll oder eine Fläche von der Größe einer Murmel - mehr Energie enthält als all die feste Materie im gesamten bekannten Universum!"*[35]

Dies ist für sich genommen schon erstaunlich, denn damit bestätigt sich, dass *Materie* im Wesentlichen aus *Nichts* besteht, die gleichwohl voller Energie steckt. Die Verblüffung wird noch größer, da man zur Kenntnis nehmen muss, dass es unter der *atomaren Ebene* noch eine *subatomare Ebene* gibt: die Ebene der *Quanten*. Die *Quanten* werden wie folgt definiert:

*"Die Bezeichnung »Quanten« wird allgemein für Elementarteilchen (nicht mehr weiter teilbare Teilchen) benutzt, wenn ihr korpuskulares und nicht ihr wellenartiges Verhalten im Vordergrund steht. Die Erkenntnis, dass jede Materie (Elektronen, Protonen, Atome, Moleküle, ...) nicht nur Teilcheneigenschaft besitzt, sondern auch als Welle ... beschrieben werden kann, ist eine der wichtigsten Errungenschaften der modernen Physik. Oft bezieht sich der Begriff Quanten jedoch auch auf kleinste Energieeinheiten, die von einem System auf ein anderes übertragen werden. Zurecht, denn diese Energieeinheiten haben wiederum sowohl Wellen- als auch Teilchencharakter."*[36]

Diese Definition ist genauso verwirrend wie die *Quantenphysik* selbst. Materie soll nicht nur eine *Teilcheneigenschaft* besitzen, sondern auch als *Welle* beschrieben werden können! *Was soll das nun wieder bedeuten? Warum überhaupt muss man das wissen?* Zur Beantwortung dieser Fragen komme ich

---

[34] What the Bleep Do We Know!? (2004, deutscher Titel: *What the Bleep do we (k)now!? / Ich weiß, dass ich nichts weiß!*) ist ein US-amerikanischer Film, der mit Mitteln des Dokumentarfilms arbeitet. Der Film stellt eine Verbindung her zwischen Phänomenen der Quantenphysik und Neurologie einerseits, Spiritualität und Mystik andererseits. Er ist in eine Rahmenhandlung eingebettet, anhand derer der Betrachter mit Interpretationsproblemen der Quantenphysik und deren Verknüpfung zum menschlichen Bewusstsein konfrontiert wird, sowie mit Funktionen des menschlichen Körpers und möglichen Wechselwirkungen zwischen subjektiver Wahrnehmung und Reflexion auf den Raum- und Zeitereignishorizont.
Quelle: http://de.wikipedia.org/wiki/What_the_Bleep_do_we_(k)now!%3F

[35] William Arntz, Betsy Chasse, Mark Vincente - Bleep: An der Schnittstelle von Spiritualität und Wissenschaft: Verblüffende Erkenntnisse und Anstöße zum Weiterdenken, VAK-Verlag Kirchzarten, 4. Auflage 2006, S. 36

[36] Quelle: http://www.quanten.de/wassindquanten.html

zurück auf meine Ausgangsthese. Um nachzuvollziehen, warum ein bloßer Gedanke *Realität* verändern kann, ist es wichtig, zu erfahren, was auf der Ebene der *subatomaren Teilchen* passiert.

Um dir dies näher zu bringen, möchte ich ein Experiment beschreiben, das die Physiker am Anfang des 20. Jahrhunderts in Erstaunen versetzte und ihnen Rätsel aufgab. Dass sich *Quanten* nicht in die bis dahin herrschende physikalische Betrachtungsweise einordnen ließen, haben die Wissenschaftler durch das sogenannte *Doppelspaltexperiment* erfahren müssen. Bei diesem Experiment wurden einzelne *Elektronen* nacheinander durch eine Vorrichtung geschossen, die aus einer Platte mit zwei parallel angeordneten Spalten bestand. Dies muss man sich wie eine Wand mit zwei nebeneinanderliegenden Schießscharten vorstellen. Würde man die Platte mittels einer Schussvorrichtung mit Knetkügelchen beschießen, so würde sich an der dahinterliegenden Wand durch Anhaftung der Kügelchen nach und nach ein Muster zeigen, das der Form der Spalten in der Platte entspricht. Den ganzen Aufbau verkleinert man nun gedanklich soweit, dass man sich eine Miniaturplatte mit zwei Schlitzen vorstellt, auf welche mit einer sehr viel feineren "Schusseinheit" statt mit Knetkügelchen in schneller Folge ein Streufeuer von *Elektronen* geschossen wird. Was meinst du:

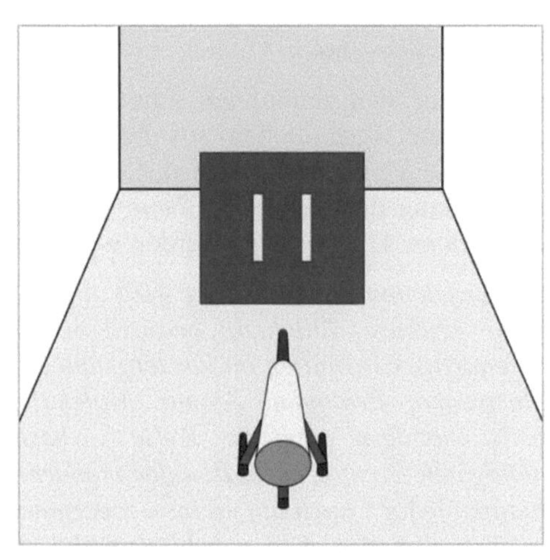

Das Doppelspaltexperiment

*Welches Muster wird sich wohl auf der hinter der Platte liegenden Wand zeigen?*

*"Na zwei schmale Schlitze!"*, wirst du jetzt vielleicht sagen. Diese Antwort ist leider falsch. Die *Elektronen* verhielten sich in dem Experiment nämlich genau wie *Lichtwellen*[37], die bei ähnlichen Versuchsreihen mit der *Doppelspaltplatte* dasselbe *Interferenzmuster* auf der hinter der *Doppelspaltplatte* befindlichen Wand verursachten! Dieses *Interferenzmuster* aus mehreren Streifen sieht in etwa

[37] In der klassischen Elektrodynamik wird Licht als eine hochfrequente elektromagnetische Welle aufgefasst. Im engeren Sinne ist „Licht“ nur der für das menschliche Auge sichtbare Teil des elektromagnetischen Spektrums.
Quelle: http://de.wikipedia.org/wiki/Lichtwellen#Licht_als_elektromagnetische_Welle

so aus:

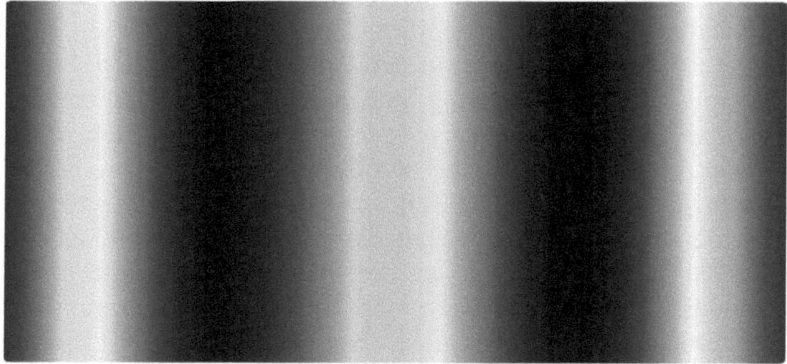

Vergleichbar ist dieses Muster mit dem, welches von zwei Wellen auf der Oberfläche eines Sees erzeugt wird, wenn man zwei etwa gleich große Steine in unmittelbarer Nähe gleichzeitig in das Wasser wirft. So entsteht ein kompliziertes Wellenmuster. Dort wo zwei hohe Wellen aufeinandertreffen, entsteht ein höherer Wellengang und an den Stellen, wo ein Wellenkamm auf ein Wellental trifft, heben sie sich gegenseitig auf. Dieses Prinzip wird mit folgender Abbildung verdeutlicht:

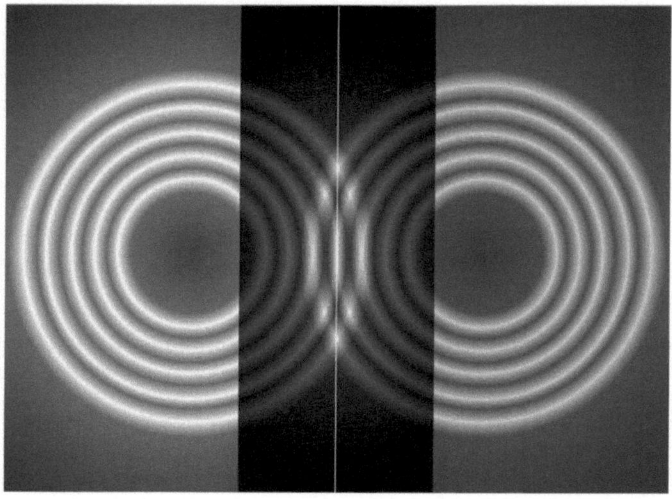

Der weiße Strich in der Mitte stellt den Schnitt des *Interferenzmusters* dar, das hinter der *Doppelspalttafel* auf der Wand erscheint. Mit dem *Doppelspaltexperiment* wurde also bewiesen, dass Materie in ihrer elementarsten Form auch einen *Wellencharakter* haben kann! Das Verblüffendste ereignete sich jedoch, als die Wissenschaftler dem Phänomen, dass sich die *Elektronen* im *Doppelspaltexperiment* wie Wellen verhielten, auf den Grund gehen wollten. Sie platzierten an den Spalten eine Messvorrichtung, um zu sehen, wie die einzeln abgeschossenen *Elektronen* dieses *Interferenzmuster* bildeten. Als sie den Messvorgang einleiteten und die *Elektronen* wieder auf die Platte abschossen, verhielten sich die *Elektronen* jedoch wieder wie Teilchen, also wie die Knetkügelchen, und bildeten auf der hinteren Wand genau das Muster der zwei Spalten ab. Der Vorgang des Messens, besser gesagt des Beobachtens, führte also zu einer Veränderung des Verhaltens der *Elektronen*. Das war eine Sensation schlechthin, denn damit wurde faktisch bewiesen, dass das Beobachten selbst Einfluss auf die *Quanten* nahm. Die Wissenschaftler dachten zunächst an einen Fehler und wiederholten das Experiment dutzende Male; jedoch kamen sie immer zum selben Ergebnis. Solange die Messung vorgenommen wurde, verhielten sich die *Elektronen* wie Teilchen, also wie Knetkügelchen, sobald jedoch die Messgeräte entfernt wurden, verhielten sie sich wieder wie Lichtwellen.

Die Schlussfolgerung war geradezu sensationell: Das Experiment bewies nämlich, dass die *Elementarteilchen (Quanten)* auf die Gedanken der Wissenschaftler reagierten!

*Wie ist das zu erklären?* Wenn die *Quanten* nicht beobachtet werden, dann nimmt ein einzelnes Partikel eine *Superposition* ein. Es kann also unvermittelt überall auftauchen. Man kann das auch eine *Vielmöglichkeit* nennen, und der Zufall ist das Endergebnis. Wenn *Quanten* jedoch beobachtet werden, was faktisch bei jeder Messung geschieht, dann verhalten sie sich so, dass sie die durch die Beobachtungserwartung vorbestimmte Position einnehmen. Die *Elementarteilchen* bewegen sich daher wieder wie feste *Materiepartikel*, also wie Knetkügelchen, auf die *Doppelspaltplatte* zu und verursachen an der hinteren Wand ein Abbild der Spalten. Die wichtigste Ableitung daraus ist, dass der menschliche Geist *Elementarteilchen* - damit die Materie und damit Abläufe - beeinflusst, wenn er sich mit seinem Denken darauf fokussiert, das heißt, wenn er beobachtet, wertet und somit agiert.

Wenn du jetzt schon denkst, dass das völlig verblüffend ist, so muss ich dir sagen, dass das noch längst nicht alles ist und *Quanten* noch weitere "verrückte" Dinge tun.

Vielleicht hast du schon einmal etwas von dem Begriff *"Quantensprung"* gehört. Wenn ich dich jetzt fragen würde, was damit gemeint sein könnte, würdest du mir vielleicht antworten, dass ein *Quantensprung* ein Gleichnis für ein besonders bedeutungsvolles Ereignis darstellt. Diese Antwort wäre soweit korrekt; jedoch würde damit nicht erklärt, was der Begriff im eigentlichen Wortsinne bedeutet.

Nun, ich möchte es gerne auflösen, denn ein *Quantensprung* ist eines der weiteren fantastischen Eigenschaften, die die *subatomaren Teilchen* besitzen.

*"Bei näherer Untersuchung der Atome fanden Wissenschaftler heraus, dass Elektronen beim Kreisen um den Kern sich nicht durch den Raum bewegen, wie das normale Gegenstände tun - vielmehr bewegen Sie sich zeitunabhängig. Das heißt, sie verschwinden von einer Stelle, einer Umlaufbahn und erscheinen an einer anderen. Das bezeichnet man als Quantensprung.*
*Und als ob das nicht schon genug Regeln unserer Alltagsrealität widerspräche, bemerkten sie außerdem, dass sie nicht genau bestimmen konnten, wo die Elektronen auftauchen oder wann sie auf eine andere Elektronenschale springen. Im besten Fall konnten sie die Aufenthaltswahrscheinlichkeiten ... von Elektronen formulieren."*[38]

*Elektronen* gehören als *subatomare Teilchen* zu den *Quanten*. Da sie also von einer *Elektronenbahn* ihres *Atoms* zu einer anderen und darüber hinaus auch zu *Elektronenschalen* anderer Atome springen, und dieser Prozess völlig unberechenbar und zeitunabhängig ist, muss man feststellen, dass auf der *atomaren Ebene* ein stetiger Austausch von Energie stattfindet. Das hat allerdings nichts mit Atomenergie im Sinne heutigen Verständnisses über diese Begrifflichkeit zu tun, denn beim *Quantensprung* findet weder eine Kernspaltung noch eine Kernfusion statt.

Nun komme ich zum letzten *Quanten-Phänomen*, das ich dir in diesem Buch näherbringen möchte (und du wirst vielleicht darüber erleichtert sein); der sogenannten *Quantenverschränkung*. Die Entdeckung der *nichtlokalen Verschränkung* von *subatomaren Teilchen* durch *Dr. John Stewart Bell*[39] im Jahre 1964 stellt die wohl größte Entdeckung der Wissenschaft dar[40].

Du wirst jetzt sicher fragen: *Was bedeutet eigentlich nichtlokale Verschränkung*? Hierzu meine kurze Erläuterung:

Mit einer Teilchenquelle werden in einem Experiment gleichzeitig zwei Teilchen erzeugt und sofort in entgegengesetzte Richtungen ins *Universum* geschossen. Anschließend wirkt man auf eines der beiden Teilchen so ein, dass sich sein Zustand ändert. Jetzt kommt das Verblüffende an diesem Experiment: Das andere Teilchen, auf welches gar nicht eingewirkt wird, ändert gleichzeitig seinen Zustand in demselben Maße, wie das Teilchen, das der direkten Einwirkung unterliegt. Es ist geradezu so, als ob beide Teilchen mit einem unsichtbaren Band verbunden wären. Sie sind direkt *"verschränkt"*. Diese *Verschränkung* wirkt in

---

[38] William Arntz, Betsy Chasse, Mark Vincente - Bleep: An der Schnittstelle von Spiritualität und Wissenschaft: Verblüffende Erkenntnisse und Anstöße zum Weiterdenken, VAK-Verlag Kirchzarten, 4. Auflage 2006, S. 58

[39] Dr. John Stewart Bell (1928 - 1990) war ein nordirischer Physiker.

[40] Dies meinte jedenfalls Dr. Henry Stapp, ein US-amerikanischer Quantenphysiker.

Echtzeit und ist unabhängig davon, wie weit die beiden Teilchen im Moment der Einwirkung voneinander entfernt sind (die Entfernung kann also auch viele Lichtjahre betragen). Anders gesagt sind also *Quanten* auf einer Ebene jenseits aller Schranken von Raum und Zeit miteinander verbunden.

Wenn wir uns nun nach den obigen Betrachtungen vergegenwärtigen, dass *Quanten* bei Beobachtung von einer Wellen- in eine Teilcheneigenschaft wechseln, verschränkte Einheiten sind, unabhängig von *Raum-Zeit-Relationen* und jenseits des *Ursache-Wirkung-Gesetzes* existieren oder wirken können, dann wird klar, dass unser Umfeld durch unsere Gedanken unmittelbar beeinflusst wird.

Wie aber bekomme ich eine Verknüpfung des Faktes, dass *Quanten* diese Eigenschaften aufweisen, zu der Behauptung, dass *Quanten* nicht nur gedanklich von uns beeinflusst werden können, sondern dass sie sogar unsere Gedanken verkörpern? Es gibt Beweise dafür:

Eine der Schlüsselszenen des bereits erwähnten populär-wissenschaftlichen Dokumentarfilms *Bleep* ist, als die Hauptdarstellerin der Rahmenhandlung *Amanda* die U-Bahn verpasst und während des unfreiwilligen Aufenthaltes in der U-Bahn-Station Bekanntschaft mit den Forschungen des Japaners *Dr. Masaru Emoto* macht. Auf dem Bahnsteig wird eine Ausstellung mit dem Thema "Die Botschaft des Wassers" gezeigt. Eine Hostess präsentiert eine Sammlung großformatiger Bilder und erläutert den Anwesenden, dass *Emoto* diese mit Hilfe von leistungsstarken Mikroskopen von gefrorenen Wassermolekülen aufgenommen hat. *Dr. Emotos* Fotos sind für sich genommen noch keine Sensation. Jedoch entdeckte er, dass Kristalle, die sich in gefrorenem Wasser bildeten, ihre Form verändern, wenn vorher bestimmte konzentrierte Gedanken auf das Wasser gerichtet werden, welches so dann eingefroren wird. Er hat herausgefunden, dass Wasser von klaren Quellen und Wasser, das liebevollen Worten ausgesetzt wurde, strahlende, komplexe und farbenfrohe schneeflockenartige Formen aufweist. Als Kontrast dazu zeige Wasser, das negativen Gedanken ausgesetzt wird, unvollständige, asymmetrische Formen in grauen Farben. Untersetzt wird seine Forschungsarbeit durch tausende Fotografien und genau protokollierte Untersuchungsabläufe.[41]

In der Bahnsteigszene äußert ein anderer Besucher der U-Bahn-Station im Zusammenhang mit den dort vorgestellten Forschungen *Dr. Emotos* gegenüber *Amanda:*

*"Wenn Gedanken so einen Einfluss auf Wasser haben, welchen Einfluss haben sie dann erst auf uns?"*

---

[41] Sein umfangreiches Werk stellt Dr. Masaru Emoto u.a. in seinem Buch: Die Botschaft des Wassers - Sensationelle Bilder von gefrorenen Wasserkristallen, erschienen 2010 im Koha Verlag, vor.

Mit dieser kurzen Aussage wird etwas auf den Punkt gebracht, was uns zu denken geben sollte. Der menschliche Körper besteht zu über 70 % aus Wasser.[42] Wenn wir uns jetzt vergegenwärtigen, dass Wasser aus *Wasserstoff- und Sauerstoffatomen* besteht, die wiederum aus *Quanten* bestehen, dann wird klar, dass es eine Verknüpfung zwischen den Forschungen *Dr. Emotos* und den beschriebenen quantenphysikalischen Phänomenen gibt. Daher muss davon ausgegangen werden, dass man mit Gedanken *Materie* beeinflussen, sprich verändern, kann.

Jedoch sind es nicht nur substanzielle Veränderungen von *Materie* durch Gedanken, die im täglichen Leben eine Rolle spielen, sondern ist es auch unser Denken selbst, das einen direkten Einfluss auf die *Realität* nimmt. Hier erzielt ein einzelner Gedanke zwar im Regelfall noch keinen Effekt[43]; jedoch wurde bereits wissenschaftlich nachgewiesen, dass die Konzentration der Gedanken vieler Menschen auf ein Ziel zu messbaren Ergebnissen führt.

*Dr. John Hagelin*[44] beschreibt in dem Dokumentarfilm *Bleep* ein Experiment, welches diese These eindrucksvoll belegt:

*"In Washington, der Mordhauptstadt der Welt, fand im Sommer 1993 ein großes Experiment statt. 4000 Freiwillige aus hundert Ländern kamen zusammen, um gemeinsam eine lange Zeit am Tag zu meditieren. Vorausgesagt wurde, bei einer so großen Gruppe würde es den Sommer in Washington eine 25%ige Reduktion der Kriminalitätsrate gemäß FBI-Definition geben. Der Polizeichef sagte im Fernsehen: »Um diesen Sommer die Kriminalitätsrate in Washington um 25 % zu reduzieren, ist schon ein halber Meter Schnee erforderlich!« Aber schließlich wurde die Polizei zum Mitarbeiter und Autor dieser Studie, weil die Ergebnisse tatsächlich eine 25%ige Reduktion bei Gewaltverbrechen aufzeigten. Wir konnten das nach 48 früheren Studien im kleineren Umfang voraussagen."*

Im Zusammenhang mit dem Experiment ist zu erwähnen, dass die 4000 Meditierenden ihre Gedanken einheitlich auf Stille und Frieden ausrichteten und sich der Effekt positiv in den Zahlen der Verbrechen in Washington während der Meditationsphase niederschlug. Man stelle sich nun vor, wenn alle Menschen auf der Erde ihre Gedanken gleichzeitig in einer Meditation auf Stille und Frieden ausrichten würden. Was würde dann wohl für ein Effekt erzielt?

Angesichts von modernen Kommunikationsmitteln wie Computern, Smartphones und Tablets, die immer mehr Verbreitung finden und faktisch an jedem bewohnten Ort eines Landes oder Kontinents sogar visuelle Verbindungen via

[42] Quelle: http://de.wikipedia.org/wiki/Wasser#Menschliche_Gesundheit

[43] Das liegt daran, dass wir unsere Gedanken meist nur unzureichend auf ein Ziel fixieren und durch ständige Zweifel die hinter einem Gedanken stehende Absicht immer wieder über den Haufen werfen.

[44] Dr. John Hagelin ist ein US-amerikanischer Quantenphysiker, Pädagoge, Autor und Experte für Wissenschaft und Politik.

Video-Chat ermöglichen, schrumpfen die kognitiven Fähigkeiten der Menschen immer mehr. Es ist nicht mehr länger nötig, dass man sich mit seinen eigenen Sinnen einen Eindruck von bestimmten Dingen verschafft und hierüber Überlegungen anstellt. Hat man ein Problem oder eine Frage, so bedient man sich einer Suchmaschine im Internet und bekommt dort Verlinkungen zu Webseiten, die eine Antwort geben. Diese Wertung mag jetzt etwas zugespitzt wirken, jedoch möchte ich damit zum Ausdruck bringen, dass sich der Mensch meines Erachtens zu sehr in Abhängigkeiten begibt, wenn er sich allein auf die Bequemlichkeit und Schnelligkeit der modernen Kommunikationsmittel verlässt.

*Wenn ich jetzt behaupte, dass man Kommunikationsgeräte eigentlich nicht braucht und man über bloße Gedankenkraft, auch über eine große Entfernung, mit einem anderen Menschen kommunizieren kann, würdest du das glauben?*

Im Jahre 2009 konnte ich dies durch ein kleines Experiment, das ich zusammen mit einer guten Freundin durchführte, erleben. Wir unterhielten uns im Rahmen eines gemeinsamen Buchprojektes über die Kraft von Gedanken und die Möglichkeiten von Fernübertragungen. Während des Experiments betrug die räumliche Entfernung zwischen uns 446 km. Sie hielt sich in ihrer Wohnung in *Köln* und ich in meiner Wohnung in *Burg* bei *Magdeburg* auf. Wir besprachen telefonisch, dass wir uns beide gemeinsam zu einem vereinbarten Zeitpunkt in die Meditation begeben würden. Ich sollte dann beginnen, ihr gedanklich Energie mittels eines Lichtstrahls zu schicken und quasi als "Sender" fungieren. Sie sollte diese Energie "empfangen" und mir dann in einem nach dem Experiment zu führenden Telefonat mitteilen, welche Farbe dieser Lichtenergiestrahl hatte. Gesagt, getan. Auf der Couch meines Wohnzimmers nahm ich den Schneidersitz ein, ging in die Meditation und schickte ihr einen blauen Lichtstrahl, den ich wie einen großen Bogen über eine imaginäre Landschaft zu ihr spannte. Die Lichtenergie ließ ich dann am Ende des Bogens von Kopf bis Fuß um ihren Körper "fließen". Während der Meditation war ich so sehr auf die Energieübertragung konzentriert, dass ich alles andere ausblendete und gedanklich nur den blauen Strahl sah. Meine Augen hielt ich zwar geöffnet, nahm jedoch mein Wohnzimmer nicht mehr bewusst wahr. Eine halbe Stunde später tauschten wir uns telefonisch über das aus, was da bei ihr angekommen war. Sie berichtete von einem blauen Strahl, der bei ihr ein Prickeln am ganzen Körper verursacht hatte. Das war für sich genommen schon erstaunlich, doch als sie anfing mein Wohnzimmer aus meiner Couchperspektive zu beschreiben, klappte mir der Unterkiefer herunter. In diesem Zusammenhang muss ich erwähnen, dass sie meine Wohnung nicht kannte, da sie mich niemals in *Burg* besucht hatte. Sie beschrieb, dass sie mir gegenüber ein Bücherregal, gefüllt mit Büchern, DVDs, Bildern und einzelnen Figuren gesehen habe. Links von mir befände sich ein Fenster und davor ein Sessel, direkt vor mir ein Couchtisch. Als sie dann noch beschrieb, dass sich rechts von der Couch der Fernseher befände und links daneben die Tür, war meine Verblüffung vollkommen.

Ich zog die Erkenntnis aus diesem Experiment, dass zwei Menschen ohne Kommunikationsmittel Gedanken senden und empfangen können, wenn sie sich auf diese Art des Kontakts einlassen.

Die Wissenschafter, die sich tiefgründig mit dem Mysterium der *Quantenphysik* unter Berücksichtigung der Funktionsweise des menschlichen Körpers befasst haben, sind der Ansicht, dass wir durch unsere Gedanken unsere Umwelt und uns selbst beeinflussen können. Wir können das Ganze lenken; wir müssen uns dessen nur bewusst sein. *Dr. Joseph Dispenza*[45] drückte das in *Bleep* wie folgt aus:

*"Ich wache morgens auf und erschaffe meinen Tag bewusst nach meinem Wunsch. Manchmal, weil ich im Geiste alles durchgehe, was ich erledigen will, dauert es eine Weile, bis ich zu dem Punkt komme, wo ich meinen Tag völlig bewusst erschaffe. Aber wenn ich meinen Tag erschaffe und kleine unerklärliche Dinge aus dem Nichts heraus passieren, dann weiß ich, dass sie der Prozess oder das Ergebnis meiner Schöpfung sind. Im Laufe der Zeit baue ich in meinem Gehirn ein Neuronetz auf und ich akzeptiere, dass es möglich ist. Es gibt mir die Fähigkeit und den Anreiz, es am nächsten Tag wieder zu tun."*

Bei dieser völlig faszinierenden Denkweise solltest du dir verinnerlichen, dass es möglich ist; dann funktioniert es auch.

Jedoch wissen die allermeisten Menschen nicht um die Kraft ihrer Gedanken. Sie sind von ihren täglichen banalen Aktivitäten, von ihrem unermüdlichen Lauf im Hamsterrad der Oberflächlichkeiten so sehr abgelenkt, dass sie keinen Gedanken auf ein Ziel fokussieren können. Da sie dafür auch keinen Glauben aufbringen, verharren sie in einer Art geistiger Stand-by-Position, die sie daran hindert, ihr wirkliches Potenzial auszuschöpfen. Der Glauben ist der erste Schritt, um den eigenen Geist so auszurichten, dass er frei von all den Ablenkungen und Zerstreuungen große Dinge bewirken kann. Den Geist von allen Ablenkungen zu befreien, ist zugegebenermaßen sehr schwierig. Wenn man sich vorstellt, dass die Meisten von uns sehr stark auf ihren Job fokussiert sind oder schlichtweg ihren schwierigen Alltag bewältigen und somit permanent unter Druck stehen, weil sie die von ihnen geforderten Leistungen bringen müssen, dann haben diese Menschen wohl kaum Gelegenheit, um ihre Gedanken auf bestimmte Ziele zu fixieren. Das ist der Kern des Problems. Unser Leben könnte sehr viel leichter sein, wenn wir uns die Zeit nehmen würden, um unseren Geist frei zu entfalten. Zugegeben, das ist fürs Erste eine gewaltige Umstellung, denn man muss sein Denken völlig neu strukturieren! Wenn man jedoch diese Schranke überwunden hat und die Synapsen im Gehirn neu geschaltet sind, dass sie die unendlichen

[45] Dr. Joseph Dispenza ist ein US-amerikanischer Biochemiker und Chiropraktiker, welcher weiterführende Studien auf den Gebieten der Neurologie und Neurophysik sowie zur Funktionsweise des menschlichen Gehirns führte.

Möglichkeiten des Geistes entfalten können, dann stehen alle Türen offen und der Mensch verlässt die Box seiner eigenen Beschränkungen!

Fazit:
Gedanken spielen sich nicht nur in unserem Gehirn ab, sondern haben eine unmittelbare Auswirkung auf die Außenwelt. Dies ergibt sich daraus, dass *Materie* auf der *subatomaren Ebene* der *Quanten* auf Gedanken reagiert. So führt bereits das Beobachten eines Zustandes dazu, dass *Quanten* sich nicht (mehr) wie *Wellen* verhalten und eine *Superposition (Vielmöglichkeit)* einnehmen, aus welcher sie zufällig überall auftauchen können. Vielmehr bewegen sie sich auf Grund der Beobachtungserwartung im *Quantenfeld* in eine vorbestimmte Position und reagieren damit (wieder) wie *Teilchen. Materie* besteht auf der Ebene der *Atome* im Wesentlichen aus Nichts, weil der *Atomkern* mindestens zehntausend Mal kleiner ist als die ihn umgebende Atomhülle. In diesem Nichts laufen jedoch permanent Prozesse ab, die sich in unberechenbaren Sprüngen der *Elektronen* von einer Bahn der *Atomhülle* zur nächsten ausdrücken. Durch diese *Quantensprünge*, welche unabhängig von *Raum- und Zeitschranken* stattfinden, ist ein unfassbar großes Energiepotenzial gegeben. Energie ist die wichtigste Voraussetzung für den Austausch von Informationen auf der *subatomaren Ebene.* Durch verschiedene Experimente wurde bewiesen, dass durch gekoppelte Gedanken vieler Menschen auf das *Quantenfeld* derartig eingewirkt werden kann, dass sich Zustände der *Realität* nachweisbar verändern lassen.

## Kapitel 6 - Klartraum - Die Freude am Träumen

Wenn wir schlafen passiert viel mehr, als uns bewusst ist. Schlaf ist nicht nur ein Zustand äußerer Ruhe. Der Schlaf bildet auch das Eingangstor zu unseren Träumen. Wenn wir träumen, verbindet sich unser *Unterbewusstsein* mit unserem *höheren Selbst*. Wer schon mal ein Erlebnis der "dritten Art" während des Schlafens hatte, weiß, wovon ich jetzt schreibe. Es funktioniert völlig ohne Drogen und hat einen weit höheren Aha-Effekt als alles jemals zuvor Erlebte. Viele werden vielleicht schon mal unbewusst ein solches Erlebnis gehabt haben. Ich meine damit den sogenannten *Klartraum*, der auch *luzider Traum* genannt wird.

Werden im Klartraum Träume wahr?

*Was ist ein Klartraum und wann hat man einen solchen?*

Bevor ein Schläfer träumt, absolviert er verschiedene Phasen des Schlafes. Hierbei gelangt das Gehirn in immer niedrigere Wellenfrequenzen, bis der Tiefschlaf erreicht wird. Erst wenn die sogenannte *REM-Phase*[46] erreicht wurde, kommt es zu Träumen. Für gewöhnlich schläft man und verliert während des Schlafes die Kontrolle über seine Gedanken. Entweder träumt man nicht (man nimmt also nichts wahr) oder wenn doch, kann man den Traum nicht beeinflussen. Der Traum bestimmt die Handlung. Man kann das Traumgeschehen nicht steuern, denn man ist sich darüber nicht bewusst, dass man träumt. Der

[46] Die *REM-Phase* (engl.: *rapid eye movement*, auch *Traumschlaf* oder *paradoxer Schlaf*) ist eine spezielle Phase des Schlafes bei der es in regelmäßigen Abständen zu schnellen, richtungslosen Bewegungen des Augapfels kommt. Während des *REM-Schlafs* sind die Skelett-Muskeln mit Ausnahme der Augenmuskulatur maximal entspannt. Die durchschnittliche Gesamtdauer der *REM-Phasen* pro Nacht liegt bei Erwachsenen bei ca. 90 bis 120 Minuten und ist in 4 bis 5 Zyklen eingeteilt. Hierbei sind diese Zyklen zu Beginn der Nacht relativ kurz; werden jedoch gegen Morgen immer länger.

normale Traum ist farblich auch nicht sehr intensiv und der Fokus der Wahrnehmungen ein wenig verschwommen. Man kann sich an solche "normalen" Träume meist nur schlecht erinnern. Man wacht auf und vergisst meist sofort, wovon man geträumt hat. Kann man sich noch an Einzelheiten erinnern, gerät so ein Traum gleichwohl schnell in Vergessenheit.

Bei einem *Klartraum* sieht es ganz anders aus. Der Schläfer erkennt während eines normalen Traumes, dass er träumt und mit dieser Erkenntnis verändert sich sofort seine Wahrnahme im Traum. Es ist ein höchst verblüffender Effekt, der mit Worten nur schlecht zu beschreiben ist. Der Fokus des Träumenden wird sofort scharf; die Farben der Traumumgebung sind plötzlich leuchtend, die gesamte Wahrnahme wird facettenreich und unbegreiflich realistisch. Es ist viel besser als 3D-Kino.

Auf das Thema *Klartraum* bin ich 2002 im Internet über den deutschen Klartraumforscher *Paul Tholey*[47] gestoßen. Seine Artikel *"Wach' ich oder träum' ich?"*[48] und *"Klarträumen - Wie geht das?"*[49] brachten mich dazu, selbst einen Klartraum herbeizuführen. Hierbei wandte ich die von *Tholey* empfohlene *Klarheit gewinnende Technik* (kurz: *KLG-Technik*) an. Diese Technik beschreibt er mit nachfolgenden zehn Anweisungen, die zu befolgen sind, um während eines gewöhnlichen Traumes zur Erkenntnis des Traumzustandes zu gelangen:

*"1. Stellen Sie sich am Tag mindestens fünf- bis zehnmal die kritische Frage, ob Sie wachen oder träumen!*
*2. Versuchen Sie sich dabei intensiv vorzustellen, dass sie sich im Traum befinden, dass also alles, was Sie wahrnehmen, einschließlich Ihres eigenen Körpers, bloß erträumt ist!*
*3. Achten Sie bei der Prüfung der Frage nicht nur auf das, was augenblicklich geschieht, sondern auch auf das, was zuvor passiert ist. Stoßen Sie auf etwas Ungewöhnliches oder haben Sie Erinnerungslücken? Für die Prüfung der Frage genügt die Zeit von einer Minute.*
*4. Stellen Sie die kritische Frage grundsätzlich immer in allen Situationen, die für Träume charakteristisch sind, also immer, wenn etwas Überraschendes oder Unwahrscheinliches geschieht oder wenn Sie sich in einer extremen Gefühlssituation befinden!*
*5. Besonders günstig für das Erlernen des Klarträumens ist es, wenn Sie Träume mit wiederkehrenden Inhalten haben. Erleben Sie im Traum etwa häufig Gefühle der Peinlichkeit oder tauchen in Ihren Träumen häufig Hunde auf, dann stellen Sie in allen peinlichen Situationen des Wachlebens, beziehungsweise immer, wenn Sie tagsüber einen Hund sehen, die Frage nach dem Bewussteinszustand.*
*6. Haben Sie öfter Traumerlebnisse, die im Wachzustand nicht oder sehr selten*

---

[47] Paul Tholey (1937 - 1998) war ein deutscher Psychologe und Klartraumforscher.
[48] http://traumring.info/tholeywach.pdf
[49] http://traumring.info/tholeyklartraum.pdf

*vorkommen, wie etwa das Erlebnis des Schwebens oder Fliegens, dann versuchen Sie sich im Wachzustand intensiv in ein solches Erlebnis hineinzuversetzen und es mit dem Gedanken zu verbinden, dass Sie sich im Traumzustand befinden!*
*7. Schlafen Sie mit dem Gedanken ein, dass Sie einen Klartraum erleben werden! Dies erscheint besonders hilfreich, wenn Sie in der Nacht aufgewacht sind und in den frühen Morgenstunden wieder einschlafen. Vermeiden Sie bei diesem Gedanken aber jegliche bewusste Willensanstrengung!*
*8. Können Sie sich nur schlecht an Ihre gewöhnlichen Träume erinnern, so ist es zweckmäßig, zunächst Methoden zur Förderung der Traumerinnerung zu benutzen, wie sie in der neueren Traumliteratur geschildert werden (zum Beispiel bei Ann Faraday).*
*9. Nehmen Sie sich vor, im Traum eine ganz bestimmte Handlung auszuführen! Hierzu eignen sich einfache Bewegungsabläufe jeder Art.*
*10. Üben Sie am Anfang ohne Unterbrechung, aber nicht mit Verbissenheit, und setzen Sie sich keine Frist, sondern bewahren Sie Geduld!"*[50]

Nach dieser Methode kam ich zu meinem ersten Klartraum:
In meinem Traum befand ich mich in einem Buchladen. Ich schaute auf große Bildbände, die in schön anzuschauende Schutzumschläge eingefasst waren und in einem Regal standen. Beim Betrachten der Bildbände erfasste ich die Titel, an welche ich mich allerdings nicht erinnern kann. Ich nahm einzelne Bücher aus dem Regal und blätterte darin. In der hintersten Ecke der Buchhandlung sah ich eine offenstehende Tür, die meine Neugierde weckte. Dort angekommen schritt ich hindurch und betrat einen Nebenraum. Dort standen eine Klappleiter und allerlei Utensilien herum, die man für eine Renovierung benötigt (Tapetenrollen, Farbeimer, Kleister, Pinsel usw.). *Oh*, dachte ich. *Wieso bin ich hier?* Da ich mir im Wachzustand immer wieder die Frage gestellt hatte, ob ich träume oder wache, stellte ich sie mir auch in diesem Moment. Ich blickte mich im Raum um und stellte erstaunt fest, dass unter der Leiter eine Dose mit gelber Farbe in der Luft schwebte und sich um eine imaginäre Achse drehte. Ich dachte: *So etwas gibt es im Wachzustand nicht!* Kaum dass ich diese Erkenntnis gezogen hatte, wurde der Traum klar. Plötzlich konnte ich alle Einzelheiten scharf erkennen, ich roch die Farbe und sah die Feuchtigkeit an den Stellen der Wände, die frisch gestrichen waren. Begeistert dachte ich: *Tholeys Methode ist einfach toll, das ging ja schnell!* Ich freute mich wie ein Schneekönig. Um diese unglaubliche Klarheit zu begreifen, kniete ich auf den Fußboden und ertastete die alten, unrenovierten, mit weinroten Farbresten versehenen, Holzdielen, deren Maserung ich so deutlich wahrnahm, dass ich es nicht fassen konnte. Diese Traumrealität war faszinierend. *Schön! Du bist klar!,* dachte ich. Ich schaute mich um. Der Raum hatte ein Fenster. *Tholey* empfiehlt, etwas zu tun, was mir

[50] ebenda

die Garantie gibt, in einem Klartraum zu sein. Also ging ich zum Fenster und überlegte, meinen Kopf durch das Glas zu stecken. Gedacht und getan. *Vollkommen irre!* Das Glas schloss sich so um meinen Körper, als ob man einen Körperteil durch eine straff gespannte Folie steckt, ohne einen Widerstand zu spüren. *Wahnsinn, mein Kopf ist draußen und mein übriger Körper noch drin!* Die Temperatur außerhalb war kühler, als im Raum. Ich beschloss, den Raum vollständig zu verlassen und sprang. Ich dachte in diesem Moment: *Passieren kann Dir ja nichts!* Und richtig; kam ich doch mit einer gekonnten Drehung außerhalb des Gebäudes auf den Füßen zu stehen. Die Umgebung musternd erfasste ich den mir bekannten alten Plattenweg, der zur Bahnhofstraße in Burg führt. In einer der Plattenfugen funkelte etwas. Ich beschloss, dem Funkeln nachzugehen. Bei näherer Betrachtung stellte sich das Funkeln als eine kleine, leuchtende Glühbirne, die in einer Kunstblume eingefasst war, heraus. *Tholey* sagt: *Nur nicht zu sehr fixieren, sonst fliegst du aus dem Traum.* Also entschied ich, mich weiter umzusehen. *Toll! Wunderbar! Alles ist so real!* Die Straßen, die Häuserzeilen, die Türme in der Ferne und die Bäume. Das alles wollte ich auch von oben betrachten und so beschloss ich, mich mit den Füßen vom Erdboden abzustoßen. Mit einer Art Schwimmbewegung schaffte ich es, einige Meter in die Höhe zu steigen. Dann war leider Schluss und ich wachte auf.

Der *Klartraum* ist eine Möglichkeit, sein eigenes Bewusstsein mit einer Intension zu erweitern, wie man es niemals vermuten würde. Um diese Erfahrung zu machen, besteht die erste große Hürde darin, dass man im Traum unbedingt wieder die Oberhand über die eigene Bewusstseinssteuerung erlangen muss. Man muss merken, dass man träumt, damit man den Sprung in die andere (höhere) Ebene des Traumes schaffen kann. Eine Grundvoraussetzung hierfür ist es, dass man sich eine gewisse achtsame Alltagshaltung aneignet. Dies bedeutet, dass man im *Wachbewusstsein* seine Aufmerksamkeit auf Situationen und Dinge richtet, die man für gewöhnlich leicht übersieht. Dabei sollte man seine Konzentration auch mal auf scheinbar banale Ereignisse oder Sachen richten. Wenn du zum Beispiel über deinen täglichen Weg zur Arbeitsstelle nachdenkst, wirst du sicher der Ansicht sein, dass du ihn genau vor Augen hast und dich nichts überraschen könnte. Ich möchte dich ermutigen, deine diesbezügliche Haltung zu ändern und deinen Arbeitsweg mal so zu betrachten, als ob du ihn zum ersten Mal gehen würdest. Das Kunststück liegt nun darin, in eine "Entdeckerhaltung" zu gelangen, die eine Rückkoppelung des Unterbewusstseins zum Bewusstsein bewirkt. Schafft man dies im *Wachbewusstsein*, so wird sich dies auch im Schlaf fortsetzen.

Ich will da mal mit einem Fallbeispiel einsteigen:
Stell dir mal vor, du bist in New York auf dem Times Square und schaust dich um. Überall siehst du visuell grell schreiende Werbung, wobei du natürlich registrierst, dass alles auf dich in Englisch einwirkt. Das könnte in etwa so aussehen (siehe Folgeseite):

Es ist also alles völlig normal und du würdest im Traum nicht daran denken, dass du vielleicht gerade mitten im Träumen bist und deine Wahrnehmungen nur Traumvisionen sind. Plötzlich bemerkst du aber, dass bei deinen Betrachtungen etwas nicht stimmt. Bei unserem Time-Square-Beispiel tauchen in der wahrgenommenen Werbung plötzlich deutsche Wörter oder gar Sätze auf.

Da dir nun bewusst geworden ist, dass hier etwas anders ist und vor allem was es ist, wird dir plötzlich klar, dass du träumst. Der Traum selbst weist dich auf den Umstand hin, dass du nicht wach bist, sondern träumst. Entweder du merkst diesen Wink mit dem Zaunpfahl oder dein Bewusstsein täuscht dich ungehemmt weiter.

Genau an diesem Punkt solltest du im Alltagsleben deine innere Einstellung zu deinen Wahrnehmungen finden. Blicke daher im Wachzustand immer kritisch und aufmerksam auf deine Wahrnehmungen und versuche dir mal vorzustellen, wie es wäre, wenn mal eine Situation eintritt, die so gar nicht eintreten kann, weil dies deiner eigenen Erfahrung gar nicht möglich ist. So stelle ich mir beim Üben der *KLG-Technik* im Wachzustand regelmäßig vor, dass ich meinen Kopf durch eine Wand stecke und hierbei auf keinerlei Widerstand stoße. In einer anderen Imagination, die man zum Beispiel beim Spazierengehen anwenden kann, stelle ich mir vor, wie ich mich vom Boden abstoße und in die Höhe steige. Wenn man also eine kritische und aufmerksame Haltung im Wachzustand bewusst aufbaut und sich dabei auch Situationen und Handlungen vorstellt, die eigentlich unmöglich sind, wird man bald den Weg zum bewussten Traum finden.

Den nachfolgend beschriebenen *Klartraum* möchte ich als einen meiner besten bezeichnen. Das markanteste Detail war mit Abstand das Fliegen ohne Flügel und Flughilfen. In einem *Klartraum* ist es ohne Weiteres möglich mittels "Schwimmbewegungen" zu fliegen und dabei sein eigenes "Ich" so klar und realistisch im Schwebezustand - abgehoben vom festen Boden - zu erleben, dass das "süchtig" machen kann (da hier aber keinerlei Drogen im Spiel sind, wird man natürlich nicht wirklich süchtig). Alle 3D-Computerspiele sind dagegen kalter Kaffee. Wer mir das nicht glauben mag, sollte es mal selbst versuchen.

Zunächst hatte ich einen "normalen Traum". Soweit ich mich erinnern kann, feierte ich mit anderen Leuten (ich fühlte mich einem Verein zugehörig). Wir saßen an langen Tischen und Bänken in einem großen Zelt, tranken Bier aus Krügen und aßen Speisen von einem Buffet, das in einer Ecke des Zeltes aufgebaut war. Ich erinnere mich an Hähnchenkeulen, die ich verputzte. Dann beschloss die Versammlung, sich aufzulösen und nach Hause zu gehen. Ich beschloss, nach Hause zu fliegen. So stieß ich mich vom Boden ab und erlangte durch Schwimmbewegungen langsam an Höhe. In diesem Moment sendete mein Unterbewusstsein ein Signal an mein Bewusstsein. *Moment mal! Ich fliege nach Hause?!* Ich machte einen *Realitätstest (RT)* und verglich die Situation mit meinen Kenntnissen aus dem Wachbewusstsein. Da man im realen Leben durch Schwimmbewegungen nicht fliegen kann, dies aber gerade geschah, kam ich zu dem Schluss, dass ich träumen müsste. Ich war gerade im Aufsteigen begriffen und durch meine Erkenntnis, dass ich mich in einem Traum befand, wurde augenblicklich alles klar und scharf. Der Horizont weitete sich, mein Tunnelblick verschwand und unter mir sah ich eine sehr detailreiche Landschaft. Die Häuser, Strommasten, Bäume, Straßen und Felder wurden langsam kleiner. In meiner Nähe sah ich blaue fliegende Fische, deren Schuppen das Sonnenlicht reflektierten. *Blaue fliegende Fische gehören nicht hierher*, dachte ich. *Weg mit ihnen!* Und prompt verschwanden die Fische. Ich dachte an die Schilderung eines Klarträumers bei *Tholey*, der beschlossen hatte, höher und höher zu steigen. Dies wollte ich auch, nämlich ganz nach oben. Und so "schwamm" ich weiter durch die Luft, und zwar in etwa so, als ob man nach dem tiefen Eintauchen in einen See sich in Richtung der Wasseroberfläche bewegt. Nebenbei schaute ich immer wieder unter mich und genoss die tolle Aussicht. Die Dinge unter mir wurden immer kleiner und verschmolzen zu einer Ebene mit vielen Farbflecken. Der Horizont, die Wolken und das Blau des Himmels; dies alles war atemberaubend. Bald war ich so hoch "geschwommen", dass ich sogar über die Atmosphäre unserer Erde hinaus kam und nun unseren wunderschönen blauen Planeten unter mir erblickte. Und so war ich in den Kosmos aufgestiegen, ohne ein Raumschiff zu benutzen. Nun hielt ich inne und genoss diesen phänomenalen Anblick. Es war unglaublich. Eine Weile schwebte ich reglos im Weltraum und beschloss dann, wieder zur Erde zurückzukehren und irgendwo zu landen. Ich dachte: *Landen kann man doch auf einem Flughafen.* Ich wünschte mir, einen Flughafen zu sehen und prompt sah ich mitten in einem Waldgebiet einen Tower und große Abfertigungsterminals. Langsam sank ich mit leichten Schwimmbewegungen hinab. Schließlich landete ich hinter einem großen Stahlgittertor, das zusammen mit einem weitläufigen stacheldrahtbewehrten Stahlgitterzaun das Gelände des Flughafens vom Außenbereich abgrenzte. Hinter der Umfriedung sah ich eine betonbefestigte weitläufige Piste. Ich wollte auf das Gelände und beschloss daher, über den Zaun zu klettern. Irgendwie kam ich da rüber, was mir wegen des Stacheldrahtes einige Mühe bereitete. In diesem Moment hatte ich das Gefühl, dass ich etwas Verbotenes mache. Als ich auf der anderen Seite stand, hörte ich jemanden kommen. Schnell duckte ich mich ab. Ein Uniformierter ging an mir vorbei. Er trug eine Ein-Strich-Kein-Strich-Uniform[51], ein Käppi und am Gürtel eine verschlossene Pistolentasche. Als er meine Position passiert hatte, dachte ich erleichtert: *Ha, er hat mich nicht gesehen!* Meine Freude währte nicht lange, als ich bemerkte, dass er zu einem Flachbau mit großen Glasfenstern ging. Irgendetwas sagte mir, dass ich aus diesem Gebäude beobachtet wurde. *Mist!*, dachte ich und machte mich eilig daran, wegzulaufen. Doch zu spät; zwei uniformierte Typen kamen auf mich

[51] Dies war die umgangssprachliche Bezeichnung für Felddienstuniformen der ehemaligen Nationalen Volksarmee (NVA) der DDR. Sie rührte daher, dass auf dem olivgrünen Stoff dieser Uniformen kleine braune Striche in unterschiedlicher Länge aufgedruckt, jedoch alle parallel angeordnet waren. Da die Striche und der Untergrund nur wenig variierten und teilweise fast miteinander verschmolzen, ging von dieser Strichstruktur so gut wie keine zusätzliche Tarnwirkung aus.

zugerannt, schnappten mich und nahmen mich in die Mangel. Sie traktieren mich in ein Flughafengebäude. Ich befand mich nun in einer Art Großraumbüro mit Tresen und Schaltern. Letztere hatten große Glasscheiben mit einem jeweils am Tresen ausgeschnittenen Oval. Komischerweise ließen mich die Uniformierten nun allein. Es schien so, als ob sie nichts mehr von mir wollten. Nun stand ich also an so einem Abfertigungsschalter und sah auf der anderen Seite einige asiatisch aussehende Männer, die an den Tresen herantraten. Sie sagten etwas. Mir kam sofort in den Sinn: *Das ist koreanisch!* Ich antwortete etwas in dieser Sprache, ohne zu wissen, was ich da sagte. Ich war erstaunt, dass ich das sprechen konnte. Noch erstaunter war ich darüber, dass es die Koreaner zu verstehen schienen und sich über meine Worte freuten. Sie zeigten mir ihre Pässe, was mir bewies, dass ich wohl danach gefragt haben musste. Einer der Koreaner holte ein paar Fotos heraus und schob sie durch das Oval in der Scheibe zu mir herüber. Sie waren quadratisch und hatten ein relativ kleines Format. Trotzdem konnte man auf den Fotos einen Teil der Koreanergruppe gut erkennen. Die Männer lächelten in Richtung der Kamera. Ich sagte wieder etwas auf koreanisch, ohne meine Worte zu verstehen. Es musste so etwas gewesen sein wie: *Sehr schöne Fotos!,* denn der Koreaner verzog seinen Mund zu einem breiten Lächeln. Sodann schob ich die Fotos zurück. Der Koreaner nahm sie wieder an sich und verbeugte sich vor mir. Die Koreaner wandten sich nun ab und liefen in die Richtung der Flugsteige. Als sie verschwunden waren, und da sich keine weiteren Reisenden vor dem Schalter eingefunden hatten, fasste ich den Entschluss, das Flughafengebäude zu verlassen. Unmittelbar hinter den Tresen befanden sich Türen, durch deren Scheiben ich erkennen konnte, dass sie alle nach draußen führten. Vorsichtig blickte ich mich um und öffnete die Tür, die mir am nächsten war. Da kein Warnsignal ertönte und auch keine Uniformierten zu sehen waren, begab ich mich nach draußen. Nun befand ich mich auf einer riesigen Betonfläche. An einigen Stellen standen große Laubbäume, die den Beton durch ihr Wachstum im Laufe der Zeit förmlich gesprengt hatten. Plötzlich sah ich aus dem Augenwinkel, dass wieder so ein Uniformierter auf mich zurannte. Diesmal war ich vorgewarnt und ich erinnerte mich daran, dass ich ja fliegen konnte. Sofort stieß ich mich von Boden ab und begann mit rudernden Schwimmbewegungen, nach oben zu steigen. Gleich darauf hatte der Uniformierte meine vorherige Position am Boden erreicht und versuchte noch mit ausgestreckten Armen meine Füße zu fassen zu bekommen, was ihm freilich nicht mehr gelang. Frustriert rief er zu mir hoch: "Na, das geht doch gar nicht!" Belustigt antwortete ich ihm: "Womit bewiesen wäre, dass man auch ohne Flügel und ohne Flugzeug fliegen kann!" Ich sah noch, wie immer mehr Uniformierte unter mir zusammenkamen, heftig gestikulierten und mit großen Augen zu mir nach oben sahen. Dann wandte ich mich ab und stieg mit schnellen Schwimmbewegungen weiter nach oben. Als ich mich einige Kilometer vom Flughafen entfernt hatte, bemerkte ich dunkle, bedrohlich wirkende, Wolken am Horizont, die ein herannahendes Unwetter ankündigten. Da mir diese Wetterlage nicht geheuer war, fasste ich den Entschluss, mir ein Hotel herbeizuwünschen, um es anzufliegen und das Unwetter dort abzuwarten. Wie aus dem Nichts tauchte nun ein mehrgeschossiges Gebäude auf, an dessen Glasfassade der Schriftzug *Hotel Merkur* prangte. Sofort ging ich in den Sinkflug über und steuerte den Eingangsbereich des Hotels an. Kaum das ich dort gelandet war, verlor ich meine Klarheit.

Was bei diesem Traum aufgefallen sein dürfte, ist der Umstand, dass ich keineswegs immer die Kontrolle über das Geschehen hatte. Dies zeigte sich zum Beispiel dadurch, dass mich die Uniformierten in die Mangel nehmen und in das Flughafengebäude bringen konnten. Gleichwohl war der Traum die ganze Zeit klar. Wenn man also von einem *Klartraum* spricht, sollte man sich vor Augen halten, dass es unterschiedliche Stufen der Klarheit gibt. *Jens Thiemann*[52], der sich in seinem Buch: *Klartraum - Wie Sie ihre Träume bewusst steuern können*[53], sehr anschaulich mit dem Phänomen *Klartraum* befasst, unterteilt den *luziden Traum* in vier Stufen. Diese möchte ich nachfolgend kurz skizzieren:

1. Die Fast-dran-Stufe
Bei dieser Stufe handelt es sich eigentlich noch nicht um eine Stufe des *Klartraumes*. Sie ist eher eine Vorstufe. Sie ist dadurch gekennzeichnet, dass man sich bereits im Wachbewusstsein über *Klarträume* Gedanken gemacht hat, etwa weil man ein Buch oder einen Artikel darüber gelesen hat, und diese Gedanken erstmals in seinen Träumen reflektiert. Im Traum unterhält man sich mit imaginären Traumfiguren oder Freunden über das Thema *Klartraum*. Leider ist dieser Stufe immanent, dass man sich im Traum zwar mit diesem Thema beschäftigt, jedoch nicht erkennt, dass man träumt. Man könnte sagen, dass man die Stufe der Klarheit knapp verpasst hat. Dies ist jedoch kein Beinbruch, da man bereits kurz vor der nächsten Stufe steht.

2. Die Schlüsselloch-Stufe
Diese Stufe ist dadurch gekennzeichnet, dass man im Traum für einen kurzen Moment klar wird. Leider hält dieser Zustand nicht lange vor, da man entweder sofort aufwacht oder wieder in den normalen Traumzustand abdriftet. Es ist ein äußerst kurzer, allerdings sehr beeindruckender Moment, der sich quasi wie ein Blick durch das Schlüsselloch auf die phantastische Welt des *Klartraumes* darstellt. Wer diesen kurzen Zustand bereits einmal erlebt hat, findet es oft frustrierend, dass er die Klarheit nicht halten konnte. Hier sollte man sich nicht entmutigen lassen, denn man ist auf einem guten Weg. Da man nun eine

---

[52] Jens Thiemann ist selbständiger Web- und Mediendesigner der die Online-Plattform http://www.lebedeinentraum.tv betreibt, wo er Seminare zum Thema Klartraum anbietet und über die Geschichte und Anwendungsmöglichkeiten des Klartraumes informiert.

[53] Jens Thiemann - Klartraum - Wie Sie ihre Träume bewusst steuern können, 1. Auflage, Rowohlt Taschenbuch Verlag, S. 97 ff.

Vorstellung von der Dimension der *Luzidität* hat, darf man sich bereits als "privilegiert" ansehen. Man spricht nun nicht mehr vom *Klartraum*, wie der Blinde über die Farben, sondern hat diesen besonderen Bewusstseinszustand bereits in seinen Erfahrungsschatz übernommen.

3. Die Reaktiv-Stufe
Bei dieser Stufe erlebt man nun die Klarheit im Traum über einen konstanten Zeitraum und ist sich darüber voll bewusst. Man könnte sagen, dass man sein neues fantastisches Umfeld, das der Realität im Wachzustand - von einigen Ausnahmen mal abgesehen - so erstaunlich ähnelt, mit offenem Mund bestaunt. Man nimmt hierbei mithin die passive Rolle eines Beobachters ein, ohne eine bewusste Entscheidung zu treffen. Vielmehr lässt man sich vom Traumgeschehen treiben. Es ist ein wenig wie Kino; man bekommt eine Vorführung, deren Inhalt man nicht beeinflusst, obwohl man es könnte. Gleichwohl ist der Vergleich des *Klartraumbewusstseins* mit einem Kinofilm eher unpassend, da im *Klartraum* alle fünf Sinne des Träumenden aktiviert sind und nicht nur audiovisuelle Eindrücke erzeugt werden.

4. Die Aktiv-Stufe
Wenn man diese Stufe erreicht hat, ist man im wahrsten Sinne des Wortes am Ziel seiner Träume angelangt. Sie ist dadurch gekennzeichnet, dass man sofort nach Erreichen der Klarheit einen *Realitätstest* durchführt und sich über seine *Luzidität* und deren Möglichkeiten bewusst wird. Man greift aktiv ins Traumgeschehen ein, indem man bewusste Entscheidungen trifft. Man erschafft oder verändert seine Traumumgebung, lässt Traumfiguren erscheinen oder verschwinden. Man ist sich als seiner motorischen Fähigkeiten bewusst und verspürt ein deutliches Körpergefühl. Man bewegt sich im Traumgeschehen wie im Wachbewusstsein, obwohl man sich gleichzeitig darüber bewusst ist, dass man im Bett liegt und träumt. Die Erkenntnis, dass ihm nichts passieren kann, verleitet den *Klarträumer* zu Entscheidungen, die er im Wachbewusstsein nicht treffen könnte oder würde. In der Highend-Stufe wird der *Klarträumer* zum Regisseur seiner Traumrealität. Er kann nun alle seine Tagträume Realität werden lassen.

Vergleicht man nun diese vier Stufen mit meinen oben beschriebenen Klarträumen, kommt man zu dem Schluss, dass ich mich dort irgendwo zwischen der Stufe 3 und 4 befand. Mithin lassen sich diese Stufen mitunter nicht klar abtrennen. So könnte ich rein theoretisch noch weitere Zwischenstufen des Klartraumes definieren, was ich jedoch hier unterlasse, weil es den Rahmen dieses Buches sprengen würde.

Fazit:
Der Schlaf bildet auch das Eingangstor zu unseren Träumen. Wenn wir träumen, verbindet sich unser Unterbewusstsein mit unserem höheren Selbst. Bei einem normalen Traum sind wir uns nicht darüber bewusst, dass wir träumen. Vielmehr

durchleben wir eine Handlung, auf welche wir keinen Einfluss haben. Bei einem *Klartraum* sieht es ganz anders aus. Der Schläfer erkennt während eines normalen Traumes, dass er träumt und mit dieser Erkenntnis verändert sich sofort seine Wahrnahme im Traum. In dem Moment, da sich der Träumer darüber bewusst wird, verändert sich seine Wahrnahme; die Traumumgebung wird unbeschreiblich real und der Träumer erlebt das Geschehen mit allen fünf Sinnen. Hierbei kann er das Traumgeschehen steuern, wenn er die höchste Klartraumstufe erreicht hat. Mit bestimmten Methoden, zum Beispiel der *Klarheit gewinnenden Technik* kann man das Erreichen des *Klartraumbewusstseins* im Wachzustand trainieren. Hierbei kommt es im Wesentlichen darauf an, im Wachbewusstsein eine kritische Haltung zum jeweiligen Geschehen einzunehmen und diese dann beim Träumen fortzusetzen. Sobald dies gelingt, werden Träume klar und im wahrsten Sinne des Wortes wahr.

## Kapitel 7 - Der Test für die Unsterblichkeit

Hast du dir schon mal die Frage gestellt, ob vielleicht doch noch etwas nach dem Tod existiert: *Bewusstsein, Geist, Seele?* Viele Menschen glauben, dass mit dem Tod des physischen Körpers auch das *Bewusstsein* stirbt. Nach ihrer Überzeugung wird der Schalter umgelegt und alles ist aus. *Schlimme Vorstellung, nicht wahr?* Wer kennt schon die Wahrheit? "Von den Toten ist noch keiner zurückgekehrt, um zu erzählen, wie das so ist mit dem Tod!" Solche zynischen Sprüche kennst du bestimmt! Die Annahme, dass mit dem Tod des Körpers auch das Bewusstsein untergeht, basiert auf der These, dass *Körper* und *Geist* untrennbar miteinander verbunden sind. Wenn ich jetzt sage, dass du den Beweis selbst finden kannst, dass dem nicht so ist, dann wird sich bei vielen Lesern automatisch eine Skepsis einstellen, die sich bei manchen zum Mitleid mit dem armen Spinner steigern dürfte. Okay, damit kann ich leben! Es gibt bereits eine Gruppe von Menschen, die meiner Behauptung, dass *Körper* und *Geist* nicht untrennbar miteinander verbunden sind, ohne Weiteres folgen kann. Sie haben es bereits selbst erlebt. Sie wissen, dass der Tod nicht existiert. Sie haben die andere Seite gesehen. Es ist die Gruppe der Menschen, die ein *Nahtoderlebnis* hatten. Hierüber hatte ich ja bereits im Kapitel 2 geschrieben. Es waren die Menschen, welche durch eine körperliche Grenzerfahrung auf Grund eines Unfalles oder einer Krankheit dem Tode sehr nahe waren. Sie erlebten, dass das *Ich-Bewusstsein* weiter existiert, auch wenn der Körper auf dem OP-Tisch oder am Unfallort keine Lebensfunktionen mehr zeigte. Gleichwohl bekamen sie noch alles mit; die Handlungen der Ärzte, die Worte der Rettungskräfte, die Verzweiflung der Angehörigen.

Die Faszination der außerkörperlichen Erfahrung

Nun wird sich kaum jemand freiwillig in eine *Todesnähe* begeben wollen, um für sich selbst den Beweis zu finden, dass das *Bewusstsein* und der *Körper* nicht untrennbar miteinander verbunden sind und dass das Denken und das Empfinden auch ohne den *Körper* weiterhin stattfinden.

Es gibt eine Methode um dies herauszufinden, ohne sein Leben zu riskieren. Bei manchen Menschen geschieht es auch rein "zufällig". Es ist die sogenannte *Außerkörperliche Erfahrung (AKE)* oder auch *Out Of Body Expierence (OOBE)*. Manche Leser haben eine *AKE* vielleicht schon einmal erleben dürfen und wissen daher, wovon ich spreche.

*Was ist eine AKE und was passiert dabei?* Um diese Frage zu beantworten, sollte man sich erst einmal völlig von dem Glauben lösen, dass es nur den so genannten *physischen Körper* gäbe.

Die wichtigste Erkenntnis zum Verstehen einer *AKE* ist, dass der Körper eines jeden Menschen von der sogenannten *Aura* umgeben wird. *James Van Praagh,* eines der bekanntesten *Medien für Jenseitskontakte* in den USA, beschreibt die *Aura* in seinem Buch: *Die Weite zwischen Himmel und Erde,* im Kapitel *Aura* wie folgt:

*"Das uns umgebende Energiefeld aus Licht und Farbe ... Dieses unsichtbare Energiefeld besteht aus Schichten, die alle von der universellen Lebenskraft, die immer lebendig, aktiv und mit Bewusstsein erfüllt ist, gespeist werden. Stellen sie sich die Aura vor wie eine funkelnde Glasmuschel um Ihren Körper. Vom Moment der Empfängnis an bis zu dem Augenblick, da Ihre Seele sich vom physischen Körper löst, werden in der Aura sämtliche Gedanken, Gefühle, Worte und Taten Ihres Lebens gespeichert ... Ihre Aura besteht aus Schichten oder »Körpern«. ... Innerhalb dieser Schichten liegen die Energiemuster, die ihr körperliches, emotionales, geistiges und spirituelles Selbst formen."*[54]

Ich finde diese Definition sehr treffend, da sie mit wenigen Worten im Wesentlichen erläutert, um was es sich bei der *Aura* handelt.

Gemeinhin wird der Begriff *Aura* als Phänomen unterschiedlich definiert:

1. als physikalisches Phänomen:
Hierbei geht man nach den Theorien von *Fritz Albert Popp* davon aus, dass jede pflanzliche, tierische oder menschliche Zelle sogenannte *Biophotonen* erzeugt, die als *Lichtquanten* ausgestrahlt werden. Die Existenz dieser Strahlung ist unbestritten und wurde unter anderem durch den russischen Elektrotechnik-Ingenieur *Semjon Davidowitsch Kirlian* mittels der nach ihm benannten *Kirlian-Fotografie* nachgewiesen.

2. als physiologisches Phänomen:
Hiermit ist der subjektive Eindruck gemeint, den man von einer anderen Person hat. Es geht um deren "Ausstrahlung" gegenüber der Person des Betrachters. Das

---

[54] James Van Praagh: Die Weite zwischen Himmel und Erde - Entdecken Sie Ihre übersinnlichen Fähigkeiten, 2. Auflage, Wilhelm Heine Verlag München, S. 61 und 63

Besondere an dieser - der Person anhaftenden Atmosphäre - geht immer von ihrer Energie aus, die sie aussendet. Vielleicht kennst du das; du fühlst dich in der Nähe eines bestimmten Menschen, den du vielleicht gerade eben erst kennengelernt hast, von Anfang an wohl. Andererseits begegnest du Menschen, vor denen du am liebsten sofort weglaufen möchtest, weil sie dir durch ihre bloße Anwesenheit das Blut in den Adern gefrieren lassen. Bei diesen durchaus unterschiedlichen Reaktionen auf verschiedene Personen spielt deren Äußeres vielleicht nicht einmal dic entscheidende Rolle. So kann ein kalt wirkender Mensch äußerlich durchaus sehr schön sein; jedoch ist es nicht seine Schönheit, die dich frösteln lässt. Andererseits kann auch ein alter Mensch, dessen Gesicht von Runzeln überzogen ist, in deinen Augen sehr schön sein, weil er eine Ausstrahlung hat, die in dir eine innere Wärme aufsteigen lässt. So unterscheidet man zwischen einer guten und einer schlechten *Aura* meist durch das innere Gefühl, dass man bei der Begegnung mit einem anderen Menschen hat.

3. als feinstoffliches Phänomen:
Dies ist die *Aura*, wie sie von medial veranlagten Menschen als "ätherische Substanz", die vom Inneren des Menschen ausgeht und den Körper wie eine zarte, unterschiedlich dichte, ovale Hülle umgibt, wahrgenommen wird. Hierbei sehen sie *feinstoffliche Energien*, die anderen Gesetzen, als *materiellen Energien* folgen. *Dr. William Tiller*, US-amerikanischer Professor an der *Stanford-Universität*, bekannt durch die mit ihm geführten Interviews im Dokumentarfilm *Bleep*[55], entwickelte sein Modell zur *feinstofflichen Energie* und beschreibt diese wie folgt:

*"Wir sind zwar nicht in der Lage, feinstoffliche Energien mit physikalischen Mitteln zu messen, wohl aber einige ihrer Signale aufzuspüren. Das kommt daher, dass wenn sich eine Art von Energie in eine andere verwandelt, ein Energieumwandlungssignal am magnetischen Vektor ausgelöst wird. Feinstoffliche Energien erzeugen auch elektrische und magnetische Signale, die beobachtbare Auswirkungen haben."*[56]

Wenn wir also von einer *feinstofflichen Aura* sprechen, sind damit Energien gemeint, die sich zwar nicht unmittelbar wahrnehmen lassen, jedoch auf Grund ihrer Signale Reaktionen auf der materiellen Ebene hervorrufen, welche so dann wahrnehmbar werden.

4. als Projektions-Phänomen:
Bei diesem Phänomen kommen wir zum eigentlichen Kern der *AKE*. Während der *AKE* verlässt unser *Ich-Bewusstsein* den *physischen Körper* und geht in den *Astralkörper*, einem Teil der *Aura*, um andere als rein körperliche Erfahrungen zu erleben. Der Übergang des *Bewusstseins* in den *Astralkörper* wird auch

[55] vgl. Fußnote 34
[56] Quelle: http://neuespiritualitaet.wordpress.com/2013/03/15/ein-feinstoffliches-energiemodell/

*Astral-Projektion* genannt. Der Begriff *Projektion* rührt daher, dass während der *AKE* der *Astralkörper* und damit unser *Bewusstsein* stets über eine *feinstoffliche Schnur*, genannt *Silberschnur*, mit dem *physischen Körper* verbunden bleibt. Das *Bewusstsein* wird also während der *AKE* über die *Silberschnur* vom *physischen Körper* auf den *Astralkörper* projiziert. Hierbei spielen für diese Verbindung Entfernungen keine Rolle. Der *physische Körper* bleibt mit dem *Astralkörper* und dem in diesen *projizierten Bewusstsein* auch über weite Entfernungen stets verbunden. Erst wenn diese Verbindung unterbrochen wird, stirbt der *physische Körper* und das *Ich-Bewusstsein (Geist/Seele)* kehrt ins *Jenseits* zurück.

Wenn ich also nachfolgend von einer *AKE* spreche, dann ist damit im Hinblick auf die *Aura* immer das *Projektions-Phänomen* gemeint.

Bei einer *AKE* passiert es nun, dass sich der *Astralkörper* als Teil der *Aura* vom Körper löst und – da das Bewusstsein in diesem unsichtbaren Energiefeld steckt – man sich selbst aus der Perspektive eines *Beobachters* wahrnimmt. Ich kann versichern, dass dies ein höchst faszinierendes Erlebnis ist. Man nimmt seinen eigenen Körper, den man sonst nur im Spiegel betrachten kann, in einer völlig anderen Sichtweise war.

Ich hatte das Glück, selbst eine *AKE* erleben zu dürfen. Diese hatte ich jedoch nicht bewusst herbeigeführt. Ich schwebte über meinem Bett und ich sah auf mich herab. Ich war überrascht und völlig verblüfft. Damals, als es passierte, dachte ich: *Das kann doch unmöglich sein!* Diese *AKE* erfuhr ich nämlich zu einer Zeit, als ich noch nicht an die Möglichkeit der Trennung von Körper und Geist glaubte. Für diese *AKE* gab es auch keinen signifikanten Anlass wie etwa das Erleben einer Extremsituation, das bei *Nahtoderlebnissen* so typisch ist. Es war in den frühen Morgenstunden einer Julinacht im Jahre 2001. Das Zwielicht der Morgendämmerung hatte bereits eine Helligkeit erreicht, dass man kein Licht mehr einschalten musste, um seine Umgebung wahrnehmen zu können. Die Sorgen über Alltagsprobleme erzeugten einen Gedankenschwall, der mich nicht schlafen ließ. Ich wälzte mich hin und her und befand mich irgendwann im Zustand erschöpfter Schläfrigkeit. Dann driftete ich in den Schlaf ab, wachte unvermittelt wieder auf und fand mich dann plötzlich schwebend über mir selbst. Ich sah mich von oben im Bett liegen. Dabei war ich mir zunächst gar nicht darüber bewusst, dass ich auf mich selbst herabschaute. Innerhalb einer Zeitspanne von zwei Sekunden erfasste ich die Situation. Mein "schwebendes Ich" und meinen Körper verband noch etwas. Die ganze Situation war sehr skurril, denn es ist ein sehr merkwürdiges Gefühl, wenn man sich selbst von oben sieht. Im ersten Moment hielt ich diesen Körper nicht für den eigenen. Die Person, die mit geschlossenen Augen reglos da unten lag, kam mir jedoch bekannt vor. Als ich mir darüber bewusst wurde, dass ich es war und es eigentlich nicht sein konnte, weil ich mich ja selbst betrachtete, erschrak ich so sehr, dass es mich ganz schnell wieder zu meinem Körper zog. Ich schlug meine

Augen auf und dachte: *Scheiße! Was war das?* Allen Skeptikern kann ich versichern, dass dies kein Traum war.

Nach diesem Erlebnis dachte ich noch sehr lange darüber nach. Die zu ziehenden Schlussfolgerungen gingen mit meinen Überzeugungen nicht konform. Wie konnte es sein, dass das Bewusstsein nicht an den Körper gebunden ist? Ist der Mensch tatsächlich nicht nur ein körperliches Wesen? Ausgehend von solchen Fragestellungen hat sich die selbst erlebte *AKE* fest in mein Bewusstsein eingebrannt. Schlussendlich war sie für mich der Ausgangspunkt für einen Paradigmawechsel in meinem Denken.

Zwei Jahre später stieß ich auf ein Buch, das mir eine Erklärung für dieses Phänomen gab. *Robert Peterson* beschreibt in seinem Buch: *Praxis der außerkörperlichen Erfahrung*, wie er selbst zu seiner *AKE* kam und vor allem, mit welchen Techniken man sie herbeiführen kann. *Peterson* war von seiner ersten *AKE* fasziniert; vor allem aber beschreibt er sehr eindrucksvoll, wie auf Grund seines Erlebnisses bisherige Überzeugungen zusammenbrachen:

*"Ich mußte ständig an mein Erlebnis und die möglichen Konsequenzen denken, die es in sich barg. Vor allem war es die furchterregendste Erfahrung meines Lebens. Es hatte sich angefühlt, als würden die Schwingungen meinem Körper schaden, und das krachende, zischende Geräusch hatte mich nur noch mehr geängstigt. Ich war den beiden größten Ängsten der Menschheit gegenüber getreten: der Angst vor dem Unbekannten und der Angst vor dem Tod. Mein wissenschaftliches Selbst konnte das Erlebnis nicht wissenschaftlich einordnen - es war nicht Teil des physischen Universums, das ich kannte. Ich versuchte auf der Grundlage meines katholischen Glaubens darüber nachzudenken, der darauf beharrte, ich könne meinen Körper nur beim Sterben verlassen. Hatte ich gerade einen Nahbegegnung mit dem Tod gehabt? Nach mehreren Stunden, in denen ich versuchte, irgendeinen sinnvollen Schluss aus Erlebnis zu ziehen, schlief ich ein, ohne Antworten gefunden zu haben."*[57]

Wie es sich zeigt, ist die *AKE* ein sehr einschneidendes Erlebnis, dem eine Schrecksekunde innewohnt. Wenn man sich plötzlich quasi selbst gegenübertritt, so ist damit die unausweichliche Erkenntnis verbunden, dass das Bewusstsein nicht an den Körper gebunden ist. Hat man diesen Schreckensmoment einmal hinter sich gebracht, werden die danach herbeigeführten *AKE* nicht mehr als furchterregend empfunden. Daher ist es wichtig, dass man sich vor seinem ersten Selbstversuch über die Begleiterscheinungen einer *AKE* informiert.

*Robert Peterson* beschreibt sein Gefühl, nachdem er das erste Mal die *AKE* nach einer Buchbeschreibung gezielt herbeigeführt hatte, wie folgt:

*"Ich fühlte mich frei und schwerelos. Ich wollte langsam zur Decke empor-*

---

[57] Robert Peterson: Praxis der außerkörperlichen Erfahrung, 3. Auflage März 2003, Omega-Verlag Aachen, S. 35 f.

*schweben. Mit diesem Gedanken begann ich sanft aufwärts zu schweben. Dann sah ich hoch und dachte an mein Ziel direkt unter der Zimmerdecke. Plötzlich zischte ich zur Decke empor. Ich blickte mit einem Gefühl der Freude im Raum umher."*[58]

Wie du nun eine *AKE* selbst herbeiführen kannst, möchte ich auf der Grundlage von *Robert Petersons Methode*[59] wie folgt zusammenfassen:

Vorwegzunehmen ist, dass dieses Experiment eine Menge Selbstbeherrschung und Geduld erfordert.

Physische Vorbereitung:

*Robert Peterson* empfiehlt als beste Zeit für eine außerkörperliche Erfahrung den Morgen, nachdem man allein (ohne Wecker) wach geworden ist. Da man in der Woche regelmäßig nicht genug Zeit hat, da man ja arbeiten geht, ist es optimal, die Samstage oder Sonntage zu nutzen. Dem Körper ist vor der *AKE* viel Ruhe zu gönnen. Der Trick besteht darin, dass der Körper auf der einen Seite ausreichend müde sein muss, um in einen entspannten Zustand zu kommen, auf der anderen Seite aber man nicht zu müde sein darf, um nicht wieder einzuschlafen. Vor einer *AKE* sollte man also ausreichend geschlafen haben. Nachdem man aufgewacht ist, sollte man zu Beginn der Übung zunächst herausfinden, wie müde man noch ist. Wenn man noch müde ist, dann räkelt man sich am besten ein wenig im Bett oder schüttelt den Schlaf ab. Faustregel: Der Körper sollte gut ausgeruht und entspannt und der Geist munter sein. Man vermeide im Übrigen alle akustischen, visuellen oder körperlichen "Störfaktoren" (Empfehlungen: z.B. Handy und Telefon ausschalten, Fenster schließen, Blase entleeren).

1. Schritt: Entspannung

Ein vollkommen entspannter Körper ist für die Herbeiführung einer *AKE* sehr wichtig. Wenn man nicht entspannt ist, dann ist das eigene Bewusstsein zu sehr auf den Körper fixiert. Wie entspannt man den Körper?

Man entspannt den Körper Glied für Glied und arbeitet sich dabei von den Füßen zum Kopf hoch. Wenn man keine spezielle Entspannungstechnik beherrscht, empfiehlt *Robert Peterson*, jeden Muskel systematisch anzuspannen, bis sich in ihm eine leichte Ermüdung einstellt, um dann abrupt loszulassen. Dies soll man gegebenenfalls wiederholen. Wichtig ist, dass man um so entspannter ist, je weniger man seinen Körper "spürt". Anschließend soll das Gesicht vollkommen entspannt werden. Eine Möglichkeit besteht darin, dass man mit geschlossenen Augen tiefer und tiefer in die Schwärze starrt, wobei man sehr langsam die Augenbrauen anspannen und die Augäpfel leicht nach oben rollen muss. Dies

[58] ebenda S. 55
[59] ebenda S. 237 ff.

sollte so lange ausgeführt werden, bis die Augenbrauenmuskeln sehr müde werden. Dann sollte die Anspannung gelockert und die Gesichtsmuskeln sollten etwa 15 Sekunden entspannt werden. Das sollte etwa sechs bis sieben Mal wiederholt werden.

2. Schritt: Den Geist ruhigstellen und sammeln

*Robert Peterson* nennt fünf Schlüsselfaktoren, um den Geist erfolgreich auf das Herbeiführen einer *AKE* auszurichten: geistige Verfassung, Realismus, Bewegung, Empfänglichkeit und Passivität.

a) Geistige Verfassung

Wenn man versucht, seinen Körper zu verlassen, ist die geistige Verfassung sehr wichtig. Sie sollte so sein, dass man ein stiller, vollkommen passiver und zielgerichteter Beobachter ist. In diesem Zustand geht der Geist nicht auf Wanderschaft, was sehr wichtig ist, um Bilder längere Zeit zu visualisieren.

b) Realismus

Man sollte lernen, den eigenen Fokus auf den Bereich außerhalb des Körpers zu richten, und zwar so intensiv, dass alles real wird. Man soll den Geist zu einem einzigen Bewusstseinsfaden bündeln.

c) Bewegung

Hiermit ist die Schwingungsbewegung gemeint, die man im eigenen Körper spürt. Man soll sich vorstellen, dass der eigene Körper sanft und gleichmäßig vor und zurück oder von links nach rechts schwingt. Dieses Pendelgefühl sollte man sich so lebhaft wie möglich vorstellen.

d) Aufnahmebereitschaft

Ein empfänglicher Geisteszustand ist wichtig, um die Schwingungen hervorzurufen oder zu induzieren.

e) Passivität

Je passiver man ist, um so leichter ist es, einen *AKE-Zustand* zu erreichen. Es kann sehr verlockend sein, sich genau auf die Abläufe zu fokussieren. Jedoch sollte man dies unbedingt vermeiden und vielmehr zu einer Haltung gelangen, in der es einem völlig gleichgültig ist, was passieren wird.

Im Übrigen muss man unbedingt den Teil des Bewusstseins ausschalten, der ein Eigeninteresse am Geschehen hat. Man verlangsame den Gedankenstrom und versetze sich in einen passiven und empfänglichen Geisteszustand und befreie seinen Geist von allen Gedanken.

3. Schritt: An der Schwelle des Bewusstseins umherschweifen

Diesen Schritt kann man ganz kurz damit umreißen, dass man die Grenze zwischen Wachen und Schlafen erforschen soll. Es ist ein ganz bestimmter

Grenzzustand, den es zu erreichen gilt. Dazu lässt man zunächst zu, dass man einschläft, sich dann aber wieder "fängt" indem man sich selbst wieder weckt. Danach lässt man sich wieder in den Schlaf fallen, und zwar ein wenig näher als vorher, um sich anschließend wieder zu wecken. Das muss man mehrere Male tun, bis der Körper tief entspannt und der Geist in der oben beschriebenen "passiven" Verfassung ist.

4. Schritt: Ein Objekt visualisieren

Dann visualisiere man einen kleinen Gegenstand, wie einen kleinen Würfel, der sich knapp zwei Meter vor bzw. über dem Gesicht befindet. Man visualisiere ihn so deutlich wie möglich. Man soll den Ablauf erst fortsetzen, wenn man den visualisierten Gegenstand klar vor dem geistigen Auge sehen kann.

5. Schritt: Das Objekt ein wenig schaukeln lassen

Dann beginne man damit, das Objekt auf und ab zu bewegen, so dass es einem ein wenig näher zu kommen scheint und sich dann wieder in seine ursprüngliche Position zurückbewegt. Man visualisiere zunächst nur eine kaum nennenswerte Bewegung. Man halte jedoch das Objekt ständig in Schwung und lässt seine Bewegung nicht zum Stillstand kommen.

6. Schritt: Man steigere die Schaukelbewegung

Man vergrößert danach allmählich die Strecke, die das Objekt bei seinem Schwingen zurücklegt. Man lasse das Objekt weiterhin auf sich zu- und dann wieder zurückschwingen, wobei es jedes Mal ein wenig näher kommt. Man achte darauf, dass die Visualisierung eine gewisse Perspektive und Tiefe hat. Jedes Mal, wenn das Objekt näher kommt, sollte es größer aussehen, und jedes Mal wenn es vom Körper wegpendelt, sollte es kleiner wirken.

7. Schritt: Man schwinge gegenläufig zum Objekt

Man versuche, ein Gefühl aufzubringen, als würde man selbst in die dem Objekt entgegengesetzte Richtung wegpendeln. Man stelle sich vor, dass das Objekt eine starke Anziehungskraft ausübe, die das eigene Schwingen beeinflusst. Wenn das Objekt sich auf dich zubewegt, wirst du von ihm angezogen. Sobald es sich von dir entfernt, schwingst du in deine Ausgangsposition innerhalb deines Körpers zurück.

8. Schritt: Man "ergreife" das Objekt und lasse sich von ihm "herausziehen"

Wenn das Objekt sehr lebhaft geworden ist und auf dich zuschwingt, "greife" mit deinem Geist danach. Sobald das Objekt von dir wegpendelt, wird dein Bewusstsein ihm folgen und von deinem Körper abgezogen werden. An diesem Punkt ist man aus seinem Körper heraus. Man kann dann den reglosen Geisteszustand "loslassen" und sein Bewusstsein ausdehnen. Man wird sich hellwach und munter fühlen. Nun steht es einem frei, die nichtphysische Welt zu erforschen.

*Robert Peterson* weist darauf hin, dass viel Zeit, Übung und Geduld nötig sind, um zu lernen, den Körper zu verlassen. Man soll keine Ergebnisse über Nacht erwarten. Wenn man allerdings die Schwelle überschritten hat, dann öffnet sich das Tor zu einer faszinierenden Erweiterung des Bewusstseins, das man nie wieder schließen wird.

Fazit:
Es gibt eine Möglichkeit, die vermeintlich untrennbare Einheit von Körper und Geist zu überwinden. Das Phänomen nennt sich *Außerkörperliche Erfahrung* (*AKE*). Bei einer *AKE* löst sich ein Teil der *Aura* vom Körper und, da das Bewusstsein in diesem unsichtbaren Energiefeld steckt, nimmt man sich selbst aus der Perspektive eines Beobachters wahr. Mit bestimmten Techniken kann man eine *AKE* selbst herbeiführen, ohne hierbei eine Todesnäheerfahrung zu haben. Der erste Moment, in dem man seinen Körper von außen selbst betrachtet, ist erschreckend und faszinierend zugleich. Wenn man diese Möglichkeit der Trennung von Geist und Körper erst realisiert hat, dann hat man für sich den Beweis gefunden, dass das Bewusstsein unsterblich ist.

## Kapitel 8 - Die Lebensenergie als Quelle des Seins

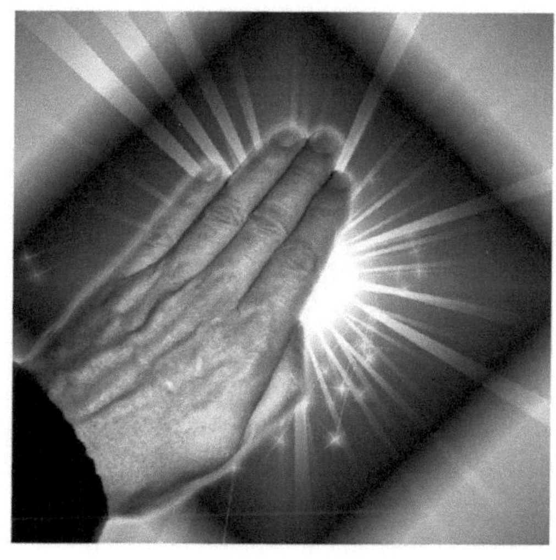

Lebensenergie wird durch Handauflegen spürbar

Es existiert eine Kraft, die uns antreibt, die unser Sein bestimmt. Auch wenn du von dieser Kraft vielleicht noch nie etwas gehört hast, so ist sie doch präsent. In Japan heißt sie *Ki*, in Indien *Prana*, in China *Qi* oder *Chi* und in Korea *Gi*. All diese Begriffe stehen für die *Lebensenergie*, die quasi den "Treibstoff" unseres irdischen Daseins darstellt. Für die fernöstlichen Kulturen ist *Ki*, *Prana*, *Qi*, *Chi* oder *Gi* (nachfolgend *Chi*) die allem Lebendigen innewohnende Lebenskraft der Natur. *Chi* ist Leben; sie ist fließend, in Bewegung und bringt ständig Veränderungen hervor. Jede Verlangsamung oder Stagnation dieses Fließens führt zu Störungen bei den Lebensvorgängen.

*Dr. Brenda Davies*[60] erklärt die *Lebensenergie* in ihrem Standardwerk: *Chakras – Tore zur Seele*, wie folgt:

*"Die für unser Dasein und unser Wohlbefinden so wichtige Lebenskraft oder Energie trägt in den meisten Kulturen ihren eigenen Namen. Sei es das Chi der chinesischen oder das Prana der indischen Lehren, die angesprochene Energie ist dieselbe. Diese Kraft bildet die Grundlage des Lebens und wird in der Aura sichtbar.*
*Die physische Nahrung erhält das Leben des physischen Körpers, die geistige Energie aber ernährt und erhält uns über die bloße physische Form hinaus. Es ist diese Energie - diese geistige Energie - auf der sich unsere höheren Gefühle gründen: Klarheit, Mut, Güte, Liebe, Loyalität und Vertrauen, sie sind es, die uns manchmal zu mehr befähigen als unser physischer Körper überhaupt leisten könnte. Sie sind die Essenz unserer Seele."*[61]

---

[60] Dr. Brenda Davies, US-amerikanische Ärztin, Psychiaterin und Heilerin, zählt zu den international angesehensten Vertretern der Komplementärmedizin.
[61] Dr. Brenda Davies: Chakras - Tore zur Seele, 5. Auflage, Wilhelm Heyne Verlag München, S. 72

Es stellte sich seit jeher als schwierig dar, die fernöstlichen Betrachtungen zur *Lebensenergie* mit den theoretischen Aspekten der modernen naturwissenschaftlichen Lehren zu verknüpfen. Jedoch hat *David Bohm*[62] eine solche Verknüpfung vorgenommen. Er versteht die *Lebensenergie* als "Quantenpotential", das jeder Materie innewohnt und jenseits von Raum und Zeit existent ist. Betrachtet man nun die fernöstlichen Lehren zur *Lebensenergie* mit Blick auf die Erkenntnisse der modernen Quantenphysik, so wird klar, dass *Materie* und *Geist, Realität* und *Bewusstsein* untrennbar über die *Quanten* als *Elementarteilchen* miteinander verknüpft sind. So kann man die *Quanten* durchaus als den "Baustoff" der Lebensenergie ansehen. Daher sind es diese kleinsten Teilchen und ihre quantenphysikalisch beschriebenen Eigenschaften, die nicht nur alle Bewegungen im unendlichen Weltraum bewirken, sondern auch dafür sorgen, dass sich die Erde auf einer Umlaufbahn um die Sonne bewegt, sich unser Planet um eine Achse dreht und auch wir selbst jeden Tag agieren können.

Je mehr Lebensenergie wir in uns spüren desto agiler und beglückter beginnen wir nach dem Aufwachen den Tag. Unser *energetisches System* funktioniert in diesem Falle optimal.

Eine Störung des *energetischen Systems* kann dazu führen, dass man sich unwohl fühlt, man permanent schlapp und müde ist und man gar nicht weiß, weshalb das so ist.

*Was ist aber mit energetischem System gemeint?*

*„Der menschliche Körper ist in der Hauptsache so grobstofflich, dass wir ihn, sehen, riechen und fühlen können. Den Teil, den die meisten von uns nicht ohne Weiteres wahrnehmen – die Aura und darin die Chakras – bezeichnet man als den Ätherkörper oder als die feinstofflichen Körper. Jedes Lebewesen strahlt ein Energiefeld aus. Das menschliche Energiefeld, die Aura, wird von wirbelnden Energieströmen belebt, die in den sich unaufhörlich bewegenden Chakras entstehen. Die Chakras sind für die Aura das, was die Strömungen für den Ozean bedeuten. Sie verwandeln sie in eine lebendige und machtvolle Kraft. Über diesen erweiterten Bereich des Körpers fließt die Energie in die physische Ebene, erfüllt sie mit Lebenskraft und hält sie lebendig. Diese Energie spielt eine ebenso wesentliche Rolle in unserem Leben und unserem Wohlergehen wie Nahrung und Luft. Ohne diese Lebenskraft könnten wir nicht überleben."*[63]

Aus dieser Beschreibung von *Dr. Brenda Davies* ist zu entnehmen, dass das *energetische System* des Menschen aus der *Aura*[64] und den *Chakras* besteht.

Das Wort *Chakra* stammt aus dem *Sanskrit*[65] und bedeutet "Kreis" oder "Wirbel".

---

[62] David Joseph Bohm (1917 - 1992) war ein US-amerikanischer Quantenphysiker und Philosoph

[63] Dr. Brenda Davies: Chakras - Tore zur Seele, 5. Auflage, Wilhelm Heyne Verlag München, S. 68

[64] Siehe hierzu Kapitel 7

[65] Sanskrit bezeichnet die verschiedenen Sprachvarianten des Alt-Indischen.

Es bezeichnet die vielen *feinstofflichen Energiewirbel*, die die Aufgabe haben, verschiedenartige Energien von außen aufzunehmen, dem menschlichen Energiesystem zuzuführen und sie dort zu verteilen. Dies wird vom Menschen dann unter anderem in Form von Gedanken, Gefühlen oder physischen Empfindungen wahrgenommen. Es existieren sieben *Hauptchakras*, einundzwanzig *Nebenchakras* und mehrere hundert weniger bedeutsame *Chakras*.

Als Hauptchakras zählen:

1. Das *Wurzelchakra*: Es liegt zwischen den Sexualorganen und dem Anus.
2. Das *Sakralchakra*: Es liegt auf der Bauchmitte.
3. Das *Solarplexuschakra*: Es liegt hälftig zwischen dem Bauchnabel und der unteren Brustbeinkante.
4. Das *Herzchakra*: Es liegt mitten auf dem Brustkorb.
5. Das *Halschakra*: Es liegt am Halsansatz.
6. Das *Stirnchakra*: Es liegt etwas oberhalb der Mitte der Augenbrauen.
7. Das *Kronenchakra*: Es liegt ganz oben über der Mitte des Kopfes.

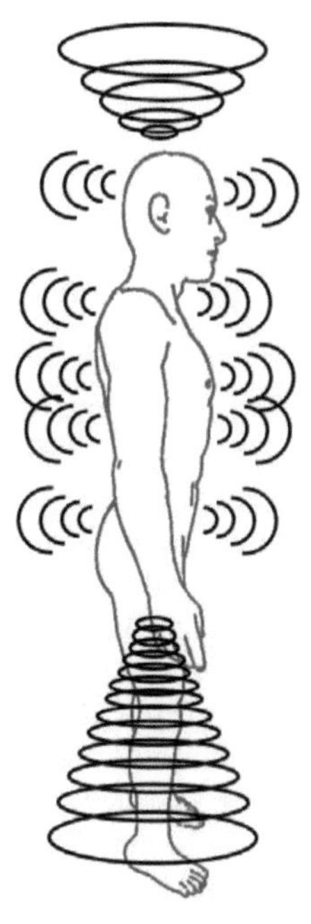

Diese *Hauptenergiewirbel* stellt man sich als trichterförmig, mehrere Zentimeter über die Körperoberfläche hinausragend, vor. Während das *Wurzelchakra* nach unten und das *Kronenchakra* nach oben ausgerichtet ist, sind die fünf anderen *Chakras* jeweils nach vorne und hinten ausgerichtet.

*Bruno Martin*[66] beschreibt die Bedeutung und Lage der *Chakras* als "Energiezentren" in seinem *Lexikon der Spiritualität* wie folgt:

*"Die Energiezentren werden durch »Lichtfasern« miteinander verbunden, sodass die Energie durch den gesamten Energiekörper fließen kann, genauso wie das Blut durch die Adern unseres physischen Körpers fließt. Gibt es Blockaden, Stockungen oder Verunreinigungen, so entstehen Krankheiten. Die Lage der Chakras entspricht den Geflechten des vegetativen Nervensystems. Dieses Nervensystem, auch Parasympathikus genannt, regelt v.a. die Vitalfunktionen (Atmung, Verdauung, Stoffwechsel, Sekretion, Wasserhaushalt u.a.) und*

[66] Bruno Martin ist ein deutscher Bewusstseinsforscher, Autor und Seminarleiter.

*gewährleistet das Zusammenwirken der inneren Organe."*[67]

Betrachtet man die eben erwähnten wichtigen Funktionen der *Chakras*, so wird klar, dass Störungen bei diesen wirbelnden Energieströmen – sogenannte Energieblockaden - zu erheblichen Beeinträchtigungen bei den Betroffenen führen. *Dr. Brenda Davies* erläutert dies wie folgt:

*„Obwohl man im Allgemeinen von einer Blockade spricht, wenn ein Chakra nicht richtig funktioniert, beinhaltet dieser Begriff eine Vielzahl von Schwierigkeiten. Das Chakra mag sich zu langsam, in der falschen Richtung oder fast überhaupt nicht drehen, aus dem Gleichgewicht geraten oder tatsächlich beschädigt sein. Vielleicht ist es zu aktiv und spröde, so dass es sich nicht leicht deinem Willen entsprechend öffnen und schließen lässt. ... Die Ursache spielt keine Rolle, jede Störung beeinflusst den gesamten Energiefluss. Da alle Chakras eng miteinander verbunden sind, wird ein blockiertes Zentrum alle anderen in der Wirkungsweise beeinträchtigen und physisches, emotionales und/oder geistiges Unbehagen hervorrufen."*[68]

Bist du vielleicht selbst von einer solchen Blockade betroffen? Trägst du möglicherweise tief in deinem Inneren ein Problem mit dir herum? Ist es eventuell ein altes Problem, das du vor langer Zeit mal versenkt hast, tief begraben in den Katakomben deines Ichs? Die meisten Betroffenen scheuen sich davor, das alte Problem herauszuholen, denn dann müssten sie sich ihrer Angst von damals stellen. Davor aber haben sie Angst. Sie haben vielleicht nicht einmal die Ursachen für das Problem gesetzt, fühlen sich aber trotzdem schuldig. Sie wollen sich einreden, dass sie versagt haben. Sie fühlen sich beschämt, wenn die Erinnerungen an das damalige Ereignis wieder hochkommen. Da sie ihr altes Problem schön begraben aber eben nicht eliminiert haben, gibt es auch viele Jahre nach dem Damals heute immer wieder Situationen, die wie ein Blitz einschlagen und sie an ihre damalige Lage erinnern. Sie reagieren dann meistens heftig, was ihr Partner, ihre Partnerin oder ihre Freunde vielleicht nicht verstehen können. Die Betroffenen wollen es ihren Liebsten aber nicht sagen und dieses Nichtverstehen ihrer Situation macht sie noch verzweifelter. Auch wollen sie ihren Liebsten gar nicht wehtun; sie tun es aber trotzdem, denn irgendwas treibt sie dazu. Oder man gewöhnt sich an ihre von Zeit zu Zeit etwas aus der Bahn geratene Verhaltensweise. Die Anderen sollten es akzeptieren oder werden es akzeptieren, wenn nicht, dann können sie bleiben, wo der Pfeffer wächst. Was ist das Problem? Der jeweils Betroffene wird es am besten wissen! Vielleicht wissen es auch einige Vertraute. Sie raten ihm, etwas zu tun; aber er kann sich nicht überwinden. Letztlich bleiben die Betroffenen mit ihrem Problem allein und es

---

[67] Bruno Martin: Das Lexikon der Spiritualität - Lehren, Meister, Traditionen, 1. Auflage, Atmosphären Verlag München, S. 57

[68] Dr. Brenda Davies: Chakras - Tore zur Seele, 5. Auflage, Wilhelm Heyne Verlag München, S. 82 - 83

macht sie unglücklich!

Was ich da beschreibe das sind die Traumata, welche sich in der menschlichen Psyche eingenistet haben. Diese ausgelöst durch Ereignisse, welche so heftig waren, dass das Opfer von damals nicht darüber reden mag. Da sind solche entsetzlichen Dinge wie sexueller Missbrauch, körperliche Gewalt, ein Unfall, der Verlust eines geliebten Menschen usw., die etwa in jungen Jahren erlebt wurden und noch viele Jahrzehnte nach dem Ereignis auf den Betroffenen wirken. Manche stellen sich dem Problem, lassen sich von erfahrenen Psychologen therapieren; ein durchschlagender Erfolg stellt sich aber meist nicht ein.

Die Betroffenen wissen meist nicht wirklich, warum sie so sind, wie sie sind und warum sie so reagieren. Die Ursache liegt in ihrem *energetischen System*, dass durch bestimmte Ereignisse - oder auch nur ein einschneidendes Ereignis - durcheinandergeraten ist. Ein Blick in das *Aura-Chakra-System* würde einiges klären. Die Beseitigung von Blockaden der *Chakras* bringt nicht nur eine einfache Verbesserung der Lebensqualität. Nein, es ist wie ein Auftauchen aus dem Nebel, plötzlich wird alles klar und leicht. Da ich auch eine Zeit blockierter *Chakras* hatte und eine erfahrene *Reiki-Meisterin* mir helfen konnte, diese Störungen der *Energiewirbel* zu beseitigen, weiß ich, wovon ich schreibe. Allerdings war meine eigene Blockade nicht langwierig und allumfassend, gleichwohl verspürte ich nach deren Auflösung eine unheimlich starke Verbesserung meiner psychischen und physischen Situation. Daran gemessen ist die Auflösung einer Jahrzehnte langen Totalblockade bei bestimmten *Chakras* zu vergleichen mit einer krassen Wetterveränderung von einem absoluten Sturm mit dunklen Wolken und kaltem Regen, Blitz und Donner zu einem makellosen Sonnentag.

Den Betroffenen kann man nur raten, ihre Situation bei erfahrenen Therapeuten, die sich der ganzheitlichen Heilung zugewandt haben, analysieren zu lassen, um mit der richtigen Behandlung endlich ihren inneren Frieden zu finden.

Eine solche Behandlung konnte ich im Juni 2007 erfahren. Ich suchte die oben bereits erwähnte *Reiki-Meisterin* auf. Noch im Frühjahr 2007 hätte ich auf die Frage: *"Kennst du Reiki?"*, nur die Gegenfrage gestellt, ob das eine neue Sportart ist? Zu deutsch, ich hatte keinen blassen Schimmer.

Die Bezeichnung "Reiki" stammt aus Japan und setzt sich aus zwei Wörtern zusammen. *Rei* steht für: Geist, Seele, *Ki* für: Energie, Herz, Natur und Gefühl.

Sehr frei interpretiert kann man *Reiki* mit "die Energie des Lebens" übersetzen. Darüber hinaus steht *Reiki* heute als Synonym für die fernöstliche Heilkunst, durch Handauflegen die *Lebensenergie* zu übertragen. Dabei wirkt der *Reiki-Anwender* als Kanal, der die *Lebensenergie* durchleitet und im *energetischen System* des Betroffenen ordnend und regulierend eingreift. Er überträgt also keine eigene Energie auf den Klienten. *Reiki* wirkt auf der energetischen, der körperlichen, der psychischen und der seelischen Ebene gleichzeitig.

Meine erste Bekanntschaft mit dem Begriff *Reiki* machte ich, nachdem ich einige Wochen das Karatetraining ausfallen lassen musste, weil ich an einer hartnäckigen Wadenzerrung im linken Bein laborierte. Als ich bei meiner Rückkehr zum Training dann dem Karatemeister von meiner Verletzung erzählte, sagte dieser, dass ich doch gleich zu ihm hätte kommen sollen, weil er das binnen 10 Minuten durch Handauflegen geheilt hätte. "*Wie das?"*, fragte ich. Er antwortete darauf: *"Ich kann durch Handauflegen solche körperlichen aber auch psychische Beeinträchtigungen heilen."* Kaum zu glauben! Da ich meine Wadenzerrung auskuriert hatte, konnte ich es nicht einmal ausprobieren. Der Meister erklärte mir noch, dass er erst gestern eine Frau von einem jahrelangen Hüftleiden durch das Handauflegen befreit habe. Gerade habe sie ihn angerufen, um ihm begeistert und überschwänglich zu danken. *Gut, erzählen kann man viel!* Der Mensch ist ja von Natur aus skeptisch – man glaubt nur, was man selbst sieht, hört und fühlen kann. So kam es bei mir, dass ich wegen eines Problems, welches ich hier nicht näher erläutern will, selbst zu besagter *Reiki-Meisterin* ging. Eine gute Freundin hatte sie mir aus eigenem Erleben empfohlen. Ich wurde sehr freundlich empfangen; man erkannte gleich, dass die *Reiki-Meisterin* sehr ausgeglichen war. Sie strahlte Ruhe aus. Sie sah aber völlig normal aus, nichts Mystisches oder Außergewöhnliches, was man da vielleicht erwartet. Einfach nur eine nette Frau und so ganz ohne Glaskugel und schwarzer Katze auf dem Rücken. Ein Vorgespräch, das mein Problem zum Inhalt hatte, war vor der Behandlung obligatorisch. Dann sollte ich mich auf eine Liege legen. Ich wurde zugedeckt. So dann bekam ich verschiedene Heilsteine (Amethyst, Bergkristall, Aventurin, Rosenquarz) auf die Brust, den Bauch und den Kopf gelegt. Dann erläuterte sie, dass sie mich in eine Halbhypnose versetzen werde, ich sehr entspannt sein würde, gleichwohl aber alles mitbekäme. Das mit der Entspannung konnte ich wirklich gut gebrauchen. Sie führte ihre Hände vom Kopf bis zu den Füßen über meinen Körper, ohne ihn zu berühren. Kurz darauf sagte sie: *"Herr Vogler, ihre Chakras sind zu sehr geöffnet. Da fließt ja ihre ganze Energie raus!"* Sie kündigte an, diesen Fehler zu korrigieren. Dann fing sie an, mit ruhiger und sonorer Stimme eine Meditation vorzusprechen, die ich gedanklich verinnerlichen sollte. Ich sollte mir vorstellen, über eine Sommerwiese zu laufen, die an einem Bächlein liegt. Dann sollte ich mir einen großen alten Baum mit weiter Krone vorstellen, der unweit des Bächleins steht. Dort sollte ich mich niederlassen und mit dem Rücken an den breiten Stamm anlehnen. So dann sollte ich mit dem Baum "verschmelzen". Ich imaginierte all diese Ansagen erstaunlich gut und driftete langsam in einen sehr entspannten Zustand ab, der mich irgendwie "schweben" ließ. Obwohl ich noch jedes Wort und jede Erklärung vernehmen konnte, sah ich Bilder vor meinem geistigen Auge und Farben, die wechselten. Es war sehr angenehm. Die *Reiki-Meisterin* legte ihre Hände die ganze Zeit methodisch nacheinander auf verschiedene Körperbereiche. Ich spürte die Wärme, die von ihren Händen ausging. Gleichzeitig erfasste ich auch einen angenehmen Energiefluss, der durch meinen Körper strömte. Plötzlich sagte sie leise, *"Haben Sie Probleme mit Ihren Knien?"* Ich antwortete; *"Ja, manchmal beim Joggen oder Karatetraining."* Sie erwiderte, *"In Ordnung, das mache ich gleich mit!"*, worauf sie auch meine Knie durch Handauflegen behandelte. Gegen Ende der Behandlung - ich befand mich in vollkommener Entspannung - sagte die *Reiki-Meisterin*, dass ich nun den Baum wieder verlassen solle. So verließ ich gedanklich den Baum und lehnte mich wieder an seinen Stamm. So dann kündigte sie an, dass ich nun einem *Krafttier*[69] meine Sorgen übergeben solle. Hierbei könne ich zwischen einem Adler und einem Wolf auswählen. Ich wählte den Adler, was sie für gut befand. Nun sollte ich mir vorstellen, wie ein Adler mit einem Rucksack im Schnabel über mir erscheine und sich mit sanften Flügelschlägen vor mir niederlassen würde. Ich imaginierte diesen Adler, der vor mir niederging und den Rucksack mit seinem Schnabel gepackt hielt. Nun wurde ich aufgefordert, den Rucksack an mich zu nehmen und ihn aufzuschnüren. Gesagt, getan. Die *Reiki-Meisterin* hieß mich nun, all meine Sorgen und Ängste symbolisch in den Rucksack zu stecken, ihn zu verschließen und danach dem Adler zurückzugeben. Ich überlegte kurz und vor meinem geistigen Auge erschienen die Wörter: Angst, Einsamkeit, Neid, Krankheit, Ehrgeiz, Egoismus und Sucht, die ich aus der Luft fischte und in den Rucksack beförderte. Dann schnürte ich den Rucksack zu und hielt ihn in Richtung des Adlers, der ihn sofort wieder mit seinem Schnabel packte. Unvermittelt erhob sich der Adler mit kräftigen Flügelschlägen in die Lüfte und verschwand nach wenigen Sekunden aus meiner Sicht. Ich öffnete die Augen und sah die *Reiki-Meisterin* lächeln. Sie wies mich an, mich nun langsam wieder aufzurichten. Mein T-Shirt hatte keine trockene Stelle mehr und die Naturheilsteine, die sie von meinem Körper nahm, waren fast heiß. Sie kündigte an, dass bei mir gleich spontan die Tränen fließen würden. Ich solle dies nicht unterdrücken, ich könne es auch gar nicht. Ich konnte das nicht glauben, denn ich fühlte mich großartig. Trotzdem kamen, wie sie es gesagt hatte, auch sofort die Tränen, obwohl ich gar nicht traurig oder bedrückt war. Ich fühlte mich wie neugeboren und hatte keinerlei Probleme mehr und nach dem Aufstehen waren meine Knie völlig schmerzfrei. Meine innere Spannung war wie weggeblasen. Mir ging es einfach gut. Von da an konnte ich *Reiki* nicht nur unbedingt weiterempfehlen; ich absolvierte bereits im August 2007 einen *Reiki-Kurs* und legte den 1. Reiki-Grad ab, um mich seither selbst zu behandeln.

Im Sommer 2009 wurde ich von einer sehr guten Freundin gebeten, einer schwerkranken Katze eines guten Freundes *Reiki* zu geben. Besagter Freund ist

[69] Ein Krafttier ist im spirituellen Glauben, so vor allem im Schamanismus, ein helfendes Tiergeistwesen bzw. ein Tierbegleiter. Seine Aufgabe besteht darin, seinen Schützling durch Führung und Unterstützung körperlich, seelisch, geistig und spirituell gesund zu erhalten.

ein Katzenliebhaber und er hat gleich vier davon; alles Siamkatzen. Es waren zwei Katzendamen und zwei Kater. Seine Lieblingskatze namens Kleopatra war so stark erkrankt, dass er schon überlegte, sie einschläfern zu lassen. Nun kann man vielleicht nicht erwarten, dass man mit *Reiki* quasi einen Heilungs- und Jungbrunnen aus dem Ärmel, respektive hier aus der Hand zaubert, aber durch die Zufuhr der *universellen Energie* kann man die körperlichen Funktionen alle mal stärken und auch stabilisieren. Was hatte er schon zu verlieren, außer sich den Weg zum Tierarzt vielleicht sparen zu können.

Also schaute ich mir seine Lieblingskatze an. Das Fell war stumpf und struppig. Sie war stark abgemagert. Die Augen waren klebrig und matt. Wahrlich hatte diese Katze schon bessere Zeiten gehabt. Einen guten Vergleich, wie sie einmal ausgeschaut hatte, bekam ich beim Betrachten der anderen Katzen. Diese sahen gesund aus und waren sehr lebhaft, wenn sie nicht gerade irgendwo lagen und dahindösten. Kleopatra aber lag fast apathisch auf ihrem Platz. Vorsichtig begann ich, ihr die Hand in Höhe der Nieren auf den Rücken aufzulegen. Sehr schnell spürte ich, wie meine Hand sehr heiß wurde und fühlte, wie die Energie floss. Das Tier regte sich nicht und ich bemerkte, dass es ihm sehr gut tat. Sehr bald legte sich die Katze auf den Rücken und ich konnte nun meine Hand direkt auf ihren Bauch auflegen. Ihre Vorderpfoten berührten dabei vorsichtig meinen Arm. Bei meinen *Reikianwendungen* spüre ich immer intuitiv, wo ich die Hand auflegen muss. Dort fließt die Energie potenziert und es wird viel heißer als an anderen Stellen. Das Faszinierende daran, *Reiki* bei Tieren anzuwenden, ist es, dass Tiere es einfach zulassen. Sie zweifeln nicht, sie stellen keine Fragen und sie haben keine anerzogene Skepsis. Als ich nun der todkranken Katze weiter *Reiki* gab, gesellten sich zwei weitere Katzen zu uns und machten schnurrend und schmusend auf sich aufmerksam. Sie spürten, dass da etwa passierte, was ihrer Gespielin gut tat. So legten sie sich beide daneben. Ich nahm meine freie Hand und gab einer der beiden anderen Katzen ebenso *Reiki*. Schnell legte sich auch dieses Tier auf den Rücken und so konnte ich meine Hand direkt auf ihren Bauch legen. Da ich nur zwei Hände habe, bat ich die Freundin, es doch auch einmal mit dem Handauflegen bei der anderen Katze zu versuchen. Sie versuchte es und war sehr erstaunt, dass es auch bei ihr funktionierte. Nun lagen vor uns drei Katzen auf dem Rücken und blieben regungslos liegen, um sich *Reiki* geben zu lassen.

Katzenliebhaber werden bestätigen können, dass es nicht so schnell passiert, dass sich eine Katze auf den Rücken legt und sich die Hand eines fremden Menschen auf den Bauch legen lässt. Im vorliegenden Falle wurde sehr deutlich, dass Tiere Güte und Liebe und die Wirkung der Energien spüren können. Dies ist bei Menschen bekanntermaßen anders. Der Mensch glaubt nur, was er sieht und am eigenen Leibe erfährt. Dinge, die er nicht versteht, werden schnell kleingeredet. Was könnte doch Gutes getan werden, wenn die Menschen im Krankheitsfalle sich ein klein wenig wie diese Katzen verhalten würden, einfach mal etwas Hilfe durch alternative Heilmethoden anzunehmen, ohne zu zweifeln.

Zum Abschluss dieses Kapitels möchte ich auf ein Phänomen zu sprechen kommen, das ich in einem unmittelbaren Zusammenhang zur existenziellen Rolle der *Lebensenergie* für die Menschen sehe. Nicht umsonst habe ich die *Lebensenergie* als den "Treibstoff" unseres irdischen Seins betitelt. Dieses Phänomen besteht darin, dass Menschen nach einem Umwandlungsprozess, der sich *Lichtnahrungsprozess* nennt, aufhören, physische Nahrung zu sich zu nehmen und sich fort an nur noch von *Lichtnahrung* "ernähren". Der *Lichtnahrungsprozess* dauert 21 Tage, wobei während der ersten 6 Tage weder feste Nahrung noch Flüssigkeiten zu sich genommen werden dürfen. Erst am Ende des 7. Tages darf man langsam wieder beginnen, Wasser, Tee oder verdünnten Fruchtsaft zu trinken. Das Prozedere erfordert eine starke Willenskraft und ist für kranke und angeschlagene Menschen nicht zu empfehlen. Viele Menschen sind bei dem Versuch, den *Lichtnahrungsprozess* zu durchlaufen, gescheitert. Jedoch haben eine Reihe von Menschen den Umwandlungsprozess nicht nur erfolgreich durchlaufen, sie nehmen seither tatsächlich keine physische Nahrung mehr zu sich. Als ich das erste Mal davon hörte, konnte ich es nicht glauben. Dann fiel mir im Jahre 2011 eine DVD mit dem Titel: "Am Anfang war das Licht"[70], in die Hände. Hierbei handelt es sich um einen Dokumentarfilm von *Peter A. Straubinger*[71], den ich im August 2013 treffen durfte, der auf Grund seiner eigenen Skepsis in Bezug auf die nahrungslose Lebensweise ein Filmprojekt startete, um mit umfangreichen Recherchen und mit zahlreichen Interviews dem Phänomen auf den Grund zu gehen. Der Film wird im Internet mit folgender Kurzbeschreibung beworben:

*"AM ANFANG WAR DAS LICHT beschäftigt sich mit einem Phänomen, von dem in unserer westlichen Welt nur wenige wissen, da es von unserer medialen Welt weitestgehend ignoriert wird. Der Film handelt von Menschen, die ohne Essen und Trinken leben können. Über Wochen, Jahre oder sogar Jahrzehnte.*

*Spontan würde jeder sagen – das geht nicht! Unmöglich! Doch basierend auf beglaubigten Erlebnisberichten, mittels Interviews und wissenschaftlich protokollierten Laborexperimenten folgt der Film dem Phänomen »Lichtnahrung« oder »Breatharianismus«. Er befasst sich mit der kaum glaublichen Erkenntnis, dass es Menschen gibt, die sich allein von Licht ernähren. AM ANFANG WAR DAS LICHT zeigt diese Menschen, die es offensichtlich schon seit Jahrtausenden gegeben hat, die keine Nahrung im klassischen Sinn zum Leben, für ihren Stoffwechsel brauchen.*

*Als moderne Menschen erleben wir dieses Phänomen als ungeheuerlichen Angriff auf unser westliches, naturwissenschaftlich geprägtes Weltbild. Deshalb*

---

[70] Siehe die Webseite zum Film: http://www.licht-derfilm.de/

[71] Peter Arthur Straubinger ist ein österreichischer Filmemacher und Filmkritiker.

*begibt sich der Film auf eine spannende wie verblüffende Spurensuche rund um den Globus, die neueste Erklärungsmodelle aus der Quantenphysik genauso einschließt, wie das Wissen der östlich-spirituellen Tradition. Der Film ist kein Aufruf dazu, nicht mehr zu essen, sondern gibt Denkanstöße, um die herrschende mechanistisch-materialistische Weltanschauung zu hinterfragen und um den Blickwinkel für neue Denkmodelle und Lebensweisen zu öffnen. Oder stimmt es weiterhin, dass nicht sein kann, was nicht sein darf?"*[72]

Das machte mich natürlich neugierig. Gespannt sah ich mir den Film an und musste feststellen, dass es *Peter A. Straubinger* hervorragend vermochte, meine anfängliche Skepsis förmlich in Luft aufzulösen. Er interviewte viele Menschen in aller Herren Länder, die sich dem *Lichtnahrungsprozess* unterzogen hatten, von denen einige auch nicht davor scheuten, sich längeren wissenschaftlichen Tests in völliger Isolation unter strikter Überwachung zu unterziehen. Der bemerkenswerteste Fall, den *Straubiger* dokumentierte, war der Fall des 83jährigen indischen *Yogi Prahlad Jani*, der angab, auf Grund einer göttlichen Eingebung im Alter von 8 Jahren seither nichts mehr zu sich zu nehmen. Diese Behauptung klang so unglaublich, dass sich indische Ärzte für den Fall interessierten und *Prahlad Jani* über einen Zeitraum von 14 Tagen in einer Klinik in *Ahmedabad* im westindischen Bundesstaat *Gujarat* einer Rund-um-die-Uhr-Überwachung zu unterziehen und seinen körperlichen Zustand zu untersuchen. Nach Abschluss der Testphase mussten die Ärzte zugeben, dass der *Yogi* während der 14 Tage tatsächlich keinerlei Nahrung oder Flüssigkeit zu sich genommen habe und man sich dieses Phänomen nicht erklären könne. *Peter A. Straubinger* interviewte weiterhin auch mehrere *Lichtnahrungsanhänger* aus dem deutschen Sprachraum, die im Unterschied zum indischen *Yogi Prahlad Jani* allerdings noch Flüssigkeiten zu sich nehmen, jedoch auf feste Nahrung seit ihrem Umwandlungsprozess völlig verzichten. So dann konfrontierte der Filmemacher mehrere Schulmediziner mit seinen Recherchen und traf dabei auf die unterschiedlichsten Reaktionen, welche von totaler Ablehnung bis zu vorsichtiger Neugier und Akzeptanz reichten.

Welche Bedeutung hat nun das Phänomen *Lichtnahrung* in Bezug auf die *Lebensenergie*? Für mich besteht zwischen der *Lichtnahrung* und der *Lebensenergie* ein untrennbarer Zusammenhang. Folgt man nämlich der oben dargelegten Erläuterung, dass *Quanten* als "Baustoff" der *Lebensenergie* anzusehen sind, so ist es für mich eine logische Schlussfolgerung, dass das Licht die menschlichen Zellen (auch) durch *Lichtquanten* energetisch versorgen kann. Dabei ist meiner Ansicht nach die Speisung der *Lebensenergie* des Menschen über das Licht nur ein Aspekt des lebensnotwendigen Anzapfens der universellen (Quanten)Energie als unerschöpflicher Quelle des Lebens. Folglich ist durch die dokumentierten *Lichtnahrungsphänomene* der Beweis geführt, dass der Mensch

[72] Quelle: http://www.movienetfilm.de/licht/presseheft.php

sehr wohl ohne Aufnahme physischer Nahrung nicht jedoch ohne Speisung seines *energetischen Systems* mittels *Quantenenergie* leben kann.

Fazit:
Die Kraft, die unser Sein bestimmt, heißt *Lebensenergie.* Sie ist das "Quantenpotenzial", das jeder Materie innewohnt und jenseits von Raum und Zeit existiert. Durch die *Lebensenergie* wird erkennbar, dass *Materie* und *Geist*, *Realität* und *Bewusstsein* untrennbar über die *Quanten* als *Elementarteilchen* miteinander verknüpft sind. In den fernöstlichen Lehren ist diese Kraft schon lange bekannt und diese Kenntnis spiegelt sich dort seit Jahrhunderten in den religiösen und spirituellen Riten sowie in den Heilverfahren wieder. Der Mensch verfügt über ein aus seiner *Aura* und den *Chakras* bestehendes *energetisches System*, durch welches die *Lebensenergie* so aufgenommen und verteilt wird, dass sie allen physischen, psychischen, geistigen und seelischen Anforderungen des Einzelnen in seinem irdischen Dasein optimal gerecht werden kann. Eine Störung im *energetischen System* führt zu Erkrankungen verschiedener Art und Intensität, die sich offen oder verdeckt zeigen können. Für die Verteilung und den Fluss der *Lebensenergie* spielen die *Chakras* als sog. *Energiewirbel* eine so immanent wichtige Rolle, dass Störungen ihrer Funktion unweigerlich zu Erkrankungen führen. Mittels fernöstlicher Heilmethoden wie *Reiki* oder (*Tao*)*Yoga* ist es möglich, regulierend auf die *Chakras* zu wirken, um deren volle Funktionsfähigkeit wieder herzustellen. Das Phänomen der *Lichtnahrung* beweist, dass der Mensch zwar ohne physische Nahrung nicht jedoch ohne *Lebensenergie* existieren kann.

## Kapitel 9 - Heilung ist möglich

Wenn ich krank bin, gehe ich zum Arzt, der untersucht mich, setzt eine Therapie an, verschreibt mir eine Medizin oder überweist mich zum Spezialisten. Schlimmstenfalls komme ich ins Krankenhaus und muss mich einer Operation unterziehen oder der Arzt teilt mir mit, dass ich unheilbar erkrankt bin. So läuft es gemeinhin nach unserer Vorstellung und nach unseren Erlebnissen in der Schulmedizin. Es ist ein einfaches Prinzip: Der Arzt erkennt anhand der Symptome und unter Benutzung diverser Hilfsmittel der modernen Medizintechnik, was dem Patienten "fehlt". Den meisten Patienten kann geholfen werden (ich will dies nicht abwerten), wobei sich diese Hilfe vielfach in der Verschreibung von Medikamenten manifestiert, die den Patienten abhängig machen und meist Nebenwirkungen haben, die wiederum die Verschreibung weiterer Medikamente nach sich ziehen können. Die Ursachen für die verschiedensten Krankheiten sind sehr vielschichtig. Vielfach sind sie beim Patienten selbst zu suchen; sie liegen zum Beispiel in seiner Lebensweise und in seinem Umfeld. Das Problem ist nur, dass viele Mediziner keine tiefgründige Ursachenforschung betreiben (können), sondern nur anhand der Symptome diagnostizieren und therapieren. Dies führt unter Umständen zu unvollständigen oder gar Fehldiagnosen und in Folge zu unwirksamen bzw. nur teilwirksamen Behandlungen. Dies wiederum ist vielfach dem Gesundheitssystem geschuldet, das dem Mediziner einfach keine Zeit lässt, sich mit dem Patienten tief gehender zu befassen.

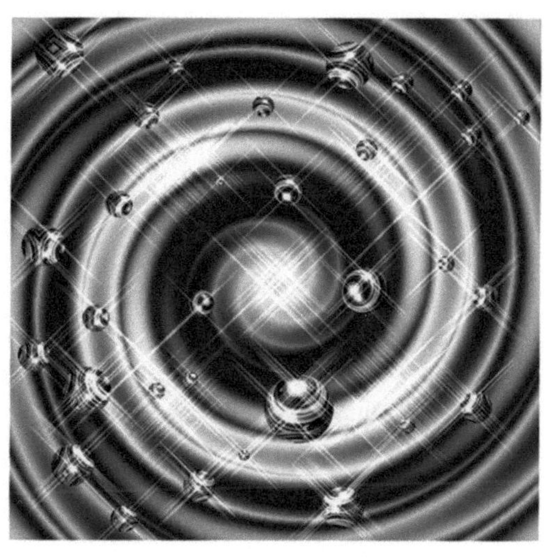

Heilungsprozesse auf energetischer Ebene

So kommen sie zum Vorschein, die hoffnungslosen Fälle. Es sind Patienten, die von einem "Spezialisten" zum nächsten "pilgern", ohne dass ihnen wirklich geholfen wurde. Sie sind verzweifelt und sehen kein Licht am Horizont, weil sie nicht mehr glauben, dass ihnen jemand helfen könnte.

Und doch gibt es sie, die Menschen, die den "Unheilbaren" helfen können. *Wie soll das gehen?* Die Antwort heißt *spirituelle Medizin*. Hier wird sich bei dir möglicherweise wieder Skepsis breitmachen, weil man über die Medien immer wieder von sogenannten "Wunderheilern" hört, die es nur auf das Geld ihrer gutgläubigen Opfer abgesehen haben, ohne das denen wirklich geholfen wird. Dies sind Fälle, die die wirklich fähigen *Geistheiler* in Verruf bringen. Eine Lanze brechen hier Schulmediziner, die sich der *spirituellen Medizin* aus eigener Überzeugung zugewandt haben und diese tatsächlich erfolgreich praktizieren. *Ottmar Jenner*[73] stellt in seinem Buch: *Spirituelle Medizin – Heilen mit der Kraft des Geistes*, drei Schulmediziner vor, die mit alternativen Heilmethoden *spiritueller Medizin* Patienten helfen, denen bisher keiner helfen konnte. Es liest sich faszinierend, wie *Dr. med. Wolf Schriewersmann*, *Dr. med. Dorothea Fuckert* und *Dr. med. Wolfgang Bittscheidt* Menschen erfolgreich behandeln, die von ihren Kollegen bereits aufgegeben worden waren.

Nachfolgend möchte ich aus dem Buch von *Ottfried Jenner* drei Beispiele wiedergeben:

*Ottmar Jenner* über *Dr. med. Schriewersmann*:

*"Kurz darauf steht Dirk S. mit fast schüchternem Lächeln vor mir, 33 Jahre alt, Elektroinstallateur: »Ich litt unter extremem Bluthochdruck, hatte Hitzewallungen und unerträgliche Schmerzen im Kreuzbein. Der Doktor hat ausgependelt, dass ich eine Hefepilzinfektion habe, keinen Weizen vertrage und kein Fleisch essen darf. Nach einem 6-Wochen-Programm zum Aufbau der Darmflora bekam ich Heilmeditationen. Dafür musste ich mich auf die Couch legen, die Augen schließen, während leise Entspannungsmusik lief. Die Meditationen dauerten etwa eine Stunde. Mehrmals kam der Doktor ins Zimmer und legte mir die Hand auf. Nach wenigen Behandlungen senkte sich der Blutdruck, und die Schmerzen gingen weg. Hitzewallungen habe ich auch nicht mehr.«*
*Er lächelt erleichtert: »Früher glaubte ich nicht an so was. Geistheilen, dachte ich, ist was für Spinner. Vor Doktor Schriewersmann habe ich einen Riesenrespekt. Er hat mir sehr geholfen.« "*[74]

Allerdings stellt *Dr. Schriewersmann* gegenüber dem Autor *Ottmar Jenner* klar, dass die Patienten zu "heilsamer Mitarbeit" bereit sein müssen, das heißt, der Kranke müsse bereit sein, Heilung überhaupt für möglich zu halten und sie im nächsten Schritt überhaupt zu wollen. Andernfalls biete die bisherige Krankheit für den Kranken nur eine Ausflucht aus den Lebensumständen, mit denen er nicht klarkäme und an denen er festhalte.

*Ottmar Jenner* über *Dr. med. Fuckert*:

[73] Ottmar Jenner ist ein deutscher Heiler, Schriftsteller, Journalist und Musiker
[74] Ottmar Jenner: Spirituelle Medizin - Heilen mit der Kraft des Geistes, 3. Auflage, Rohwohlt Taschenbuchverlag Hamburg, S. 30

*"Im Behandlungszimmer wartet Martin B., 50 Jahre alt, Unternehmensberater für Großbetriebe. ... Dr. Fuckert bittet ihn, sich auf die Couch zu legen und mit den Augen zu rollen. Der Unternehmensberater lässt die Augen kreisen, liegt aber sonst regungslos. Nun gibt die Ärztin die Anweisung, er möge sich jetzt fixieren und bewusst atmen. Tiefer als sonst, noch tiefer, jetzt ein bisschen schneller. Und B. atmet hörbar, schließlich keuchend, dann noch lauter, bis aus dem Keuchen ein Aufschreien wird, dann ein Brüllen, schließlich ein Heulen, ein tränenreiches Aufheulen im Atemrhythmus. Dr. Fuckert erinnert ihn daran, unbedingt in der Tiefenatmung zu bleiben und nun alles, was ihn in diesem Moment quält, herauszuschreien. ...*
*Was B. so quält? Im Moment schreckliche Angst. Die ist mit dem Atmen plötzlich hochgekommen. Angst, im Beruf zu versagen, Angst, etwas falsch zu machen. Angst vor der Angst. ... Eine Angst, die aufgeweicht und weggeatmet wird. ...*
*Nach über einer Stunde liegt der Unternehmensberater regungslos da, wirkt dabei friedlich wie ein Kind. Mit beiden ausgestreckten Handflächen streicht Dr. Fuckert über seinen Körper. Aber nicht in direktem physischen Kontakt, sondern wenige Zentimeter entfernt. ... Später wird Dr. Fuckert mir erklären, dass sie damit Unregelmäßigkeiten in der Aura ausgleicht, um danach göttliche Energie in seine feinstofflichen Energiezentren zu leiten."*[75]

Auf die Frage, was für sie Heilung sei, erklärt *Dr. Fuckert* gegenüber *Ottmar Jenner,* dass dies ein Prozess sei, der *emotionale* und *körperliche Blockaden* löse, um die spirituelle Essenz des Individuums zu entfalten. Dabei würden Schutzmechanismen abgebaut, die aus schmerzhaften Erfahrungen herrühren.

Vielleicht fällt dir auf, dass ich diese Art der Auflösung von Blockade im letzten Kapitel angerissen hatte. Am Beispiel von *Dr. Fuckert* zeigt sich, dass einige Allgemeinmediziner erfreulicherweise dazu übergegangen sind, etwaige Fehlfunktionen des *energetischen Systems* ihrer Patienten in ihre Diagnosen einzubeziehen und ihre Therapien danach auszurichten.

*Ottmar Jenner* über *Dr. med. Bittscheidt*:

*"Ich habe den richtigen Tag gewählt. Das Wartezimmer ist voll, alle fünf Behandlungszimmer sind besetzt. In einem liegt die ehemalige Migräne-Patientin Regine R. zur Nachbehandlung.*
*Wie sie von ihrem Leiden befreit worden sei, erkundige ich mich. Dr. Bittscheid lässt seinen Blick auf mir ruhen ... »Sie litt furchtbar, Medikamente konnten ihr nicht helfen.«*
*Er blickte auf seine Hände, betrachtet die Handflächen, als würde er darin lesen. »Alles mögliche hatte sie schon genommen. Mit Schulmedizin kam man also bei ihr nicht weiter. Da habe ich ihr meine Hände auf den Kopf gelegt und*

[75] ebenda S. 35 - 37

*gebetet.«* "[76]

Ich denke es kann völlig egal sein, ob das Handauflegen und Beten des *Dr. Bittscheidt* manchem vielleicht etwas merkwürdig anmutet. Fakt ist, dass es der Patientin laut des Berichtes von *Ottmar Jenner* geholfen hat, nachdem sie jahrelang vergeblich eine Heilung bei der Schulmedizin suchte.

Ich selbst hatte anlässlich einer Urlaubsreise nach *Mauritius* im Jahre 2003 erlebt, dass ein Hindupriester eine andere deutsche Touristin durch Handauflegen und Durchführung eines Rituals, das nur wenige Minuten dauerte, von einem langwierigen Rückenleiden und einem Magenproblem heilte. Man mag es kaum glauben, aber die glückserfüllte Reaktion der Frau etwa zwei Stunden nach dem Ritual war nicht gespielt, wo sie uns Anwesenden am Mittagstisch versicherte, dass sich ihre Schmerzen buchstäblich in Luft aufgelöst hatten. Es war ihr auch egal, wie der Priester es gemacht hatte. Für sie zählte nur das Ergebnis. So gilt es auch bei dem guten alten Sprichwort: "Wer heilt, hat Recht!"

Die sogenannte *ganzheitliche Heilung* bezieht sich auf alle *alternativen Heilmethoden*, die in der Schulmedizin eher die Ausnahme, als die Regel sind. Nachfolgend möchte ich einige *dieser Heilmethoden* vorstellen:

Die verschiedenen sogenannten Pandemien um die *Vogelgrippe* im Jahre 2004 und die *Schweinegrippe* im Jahre 2009 führten es uns drastisch vor Augen, dass der Mensch umgeben von einer Vielzahl von winzigen Organismen lebt. Diese sind für ihn unsichtbar, können völlig unbemerkt in den Körper gelangen und sodann irgendwann nach einer gewissen *Inkubationszeit* zuschlagen, nach dem sie sich in ausreichender Stückzahl über unseren Kreislauf vermehrt hatten. Das *Immunsystem* wird in der Regel mit solchen Parasiten fertig, wenn es nicht gerade auf Grund anderer Indikationen des betroffenen Organismus geschwächt ist. In der heutigen Zeit von falscher Ernährung, Stress und Bewegungslosigkeit ist es leider keine Ausnahme mehr, dass das Immunsystem auch gegen harmlose Parasiten versagt. Hinzu kommt die zunehmende Resistenz dieser Organismen gegen die bis dato einzig wirksame medizinische Waffe, die *Antibiotika*. Der Mensch neigt dazu, sich gegen jedes kleine Wehwehchen mit der chemischen Keule zur Wehr zu setzen. Die Pharmakonzerne freut es. Der zunehmende Medikamentenkonsum hat jedoch einen Haken: Fast jedes Mittelchen hat irgendwelche Nebenwirkungen, welche letztlich eine Belastung für den menschlichen Organismus des jeweiligen Konsumenten darstellen.

Was kaum jemand weiß und in der Regel nur bei Heilpraktikern und Ärzten Beachtung findet, die sich der *ganzheitlichen Heilung* zugewandt haben, ist die Tatsache, dass man mit der Kenntnis über die *Eigenfrequenzen* der Organismen und ein wenig Strom aus einem *Frequenzgenerator* nebenwirkungsfreie Erfolge bei der Bekämpfung von körperschädlichen Parasiten erzielen könnte. Die

[76] ebenda S. 44

entsprechende Behandlung nennt sich *Bio-Frequenz-Therapie*.

Der Münchner *Heilpraktiker A.E. Baklayan* erläutert dies in seiner Abhandlung: *Biofrequenzen – Wie sie helfen*, wie folgt:

*"Seit der Entdeckung des elektrischen Stromes werden mit ihm auch verschiedene medizinische Anwendungen in der Diagnose und Therapie ausprobiert. In der Schmerztherapie findet er schon seit langem seine Anwendung. Auch die Wirkung des Stromes sowohl auf Krankheitserreger in den verschiedenen Stärken, Frequenzen und Modulationen als auch auf verschiedene Funktionen des menschlichen Körpers werden immer wieder untersucht. Schon Nicola Tesla hat sich vor ca. 70 Jahren damit eingehend beschäftigt. Doktor Rife und Frau Dr. Hulda Clark, um nur einige zu nennen, haben ebenfalls eingehend in diesem Bereich geforscht und sind zu einer Reihe außergewöhnlicher Ergebnisse gekommen. Um diese Entdeckungen verstehen zu können, ist es sicherlich interessant zu wissen, dass scheinbar alles mit der Entdeckung Dr. Volls in den 50er Jahren begann. Diese Entdeckung bestand darin, dass der messbare elektrische Hautwiderstand an Akupunkturpunkten niedriger ist als an der restlichen Haut. Weiterhin kann sich dieser Hautwiderstand, wenn dem Körper elektrische, magnetische oder sonstige Informationen zugeführt werden, sofort messbar verändern. Diese Entdeckung wurde dann in vielen Variationen weiterentwickelt und verfeinert, so dass heute eine ganze Reihe von Testverfahren wie die Elektroakupunktur mit all ihren verschiedensten Formen zur Verfügung stehen. ... Diese Methode kann also die Veränderung eines vitalen Flusses im Körper messen – eine Veränderung, die durch äußere, elektrische, magnetische oder auch medikamentöse Einflüsse hervorgerufen wird. Eine der praktischen Nutzungen aus diesen Möglichkeiten wurde von Frau Dr. Hulda Clark wahrgenommen, einer Biologin, die jahrelang in der staatlichen Forschung arbeitete. Sie fand durch die bioenergetische Testung heraus, dass alle Lebewesen und organischen Substanzen eine bestimmte Bandbreite an Frequenzen besitzen. Um dies festzustellen, benutzte sie einen Frequenzgenerator, der beliebig, präzise, elektrische Frequenzen erzeugt. Durch ein einfaches Resonanzphänomen konnte sie feststellen, dass mit der zuvor eingestellten Frequenz des Generators ein Organismus – z.B. ein Bakterium – nur in seiner spezifischen Bandbreite in Eigenresonanz geht. Systematische Untersuchungen ergaben nun, dass z.B. bei diesem Bakterium ab 99 kHz eine Resonanz entsteht und diese bei 101 kHz aufhört. Somit wusste man nun, dass in diesem Frequenzbereich durch Strom erzeugte Signale unterschiedliche Resonanzen ergeben, die auf der Haut messbar sind. Je höher eine Lebensform entwickelt ist, um so höher sind die Eigenfrequenzen, die sie erzeugt und um so größer ist auch die Bandbreite, in der sie eine Schwingung sendet. Eine weitere Entdeckung war, dass die Mikroorganismen elektrischen Strom in der entsprechenden Eigenfrequenz scheinbar nicht vertragen, wenn man sie dem Mittelwert der Frequenz aussetzt – und dies mit einem Wechselstrom von einigen*

*wenigen Volt Spannung. Vergleichsweise lassen sich hierbei einfache Experimente durchführen an Kleinstlebewesen wie Insekten oder Würmer, denen man mit sehr schwachen Strömen solche Eigenfrequenzen zuführt. Es ist zu beobachten, dass sie entweder sterben, oder wie betäubt wirken und sich von dieser Behandlung nicht mehr erholen! Der nächste logische Schritt war, zu sehen, ob diese Behandlung auch innerhalb des menschlichen Organismus wirkt. Dies war die Geburtsstunde der Behandlung mit dem Bio-Frequenz-Generator. Die Ergebnisse waren überwältigend. Man konnte nicht nur ein durch die Elektronik hörbar gemachtes Resonanzphänomen messen, das die Anwesenheit bestimmter Viren, Bakterien, Pilze oder Parasiten anzeigt, sondern durch das Übertragen einer Frequenz mit bestimmten Zyklen war man ferner in der Lage, eine Art elektrische Behandlung gegen diese Organismen vorzunehmen, ohne dem menschlichen Körper zu schaden. Nach einem solchen Verfahren waren die entsprechenden Erreger eine Weile nicht mehr messbar. Nun entstand eine gänzlich neue und zukunftsweisende Behandlungsart in Verbindung mit dem Frequenz-Generator. Ein geschwächter menschlicher Organismus, bei dem das eigene Immunsystem nicht mehr in der Lage ist, die entsprechenden Bakterien, Pilze oder Parasiten selbst zu bewältigen, kann nunmehr durch den Frequenzgenerator erfolgreich gereinigt werden. Aufgrund dieser bahnbrechenden Erkenntnisse machten sich eine ganze Reihe bioenergetisch arbeitender Therapeuten ans Werk, um durch Nachtestung die entsprechenden bakteriellen, parasitären, mykotischen und viralen Belastungen sowie ihre Frequenzbandbreite herauszufinden und daraufhin zu behandeln."*[77]

Ich selbst habe mir auf Grund meiner Recherche im Internet einen *Frequenzgenerator*, einen sogenannten *Zapper* nach *Dr. Hulda Clark*, gekauft und diesen ausprobiert. Seit dem Start meines Blogs führe ich immer erst einmal Selbstversuche durch, bevor ich über derartige Dinge schreibe. Hinsichtlich der Anwendung mit *Biofrequenzen* zur Bekämpfung von Bakterien und Viren kann ich berichten, dass bei mir seit Erwerb des *Zappers* Antibiotika und Grippemedikamente kein Thema mehr sind. Sobald ich im Hals ein Kratzen verspüre oder mir die Nase juckt, nehme ich meinen *Zapper*, klebe mir die Pads auf die Haut und führe die empfohlene Dosis von drei Mal 7 Minuten mit jeweils 20 Minuten Pause zu. Der Tag danach zeigte mir immer, wie erfolgreich die Anwendung ist, denn alle Symptome einer beginnenden Erkältung waren wie weggeblasen. Übrigens gibt es neben *Baklayan* viele weitere Heilpraktiker in Deutschland, die mittels *Bio-Frequenztherapie* bei ihren Patienten sehr gute Erfolge erzielen konnten.

Eine weitere unglaubliche Methode, die mir im Jahr 2013 bekannt wurde, ist die *MMS-Methode* zur Eliminierung von aggressiven und gar resistenten Bakterien, Viren und Pilzen. *MMS* steht für *Miracle Mineral Supplement* und besteht aus

[77] Quelle: http://www.drclark.de/german/BaklayanZapperBookD.pdf

angesäuertem *Natriumchlorit.* Es wird im Handel als Mittel zur Wasserdesinfektion verkauft, wobei die empfohlene Dosierung von einem Tropfen MMS auf 2 Liter Wasser nicht ausreichen würde, um neben der Entkeimung des Wassers bei Verbrauch desselben noch eine *antimikrobielle Wirkung* im Körper des Patienten zu erzielen. Dass das Mittel bei schweren Erkrankungen in höherer Dosierung zu unglaublichen Erfolgen führt, entdeckte der Amerikaner *Jim Humble.* So habe er mit *MMS* in Afrika über 75.000 Malaria-Patienten innerhalb weniger Stunden von der heimtückischen Krankheit befreien können.[78] *Wie aber wirkt MMS? Natriumchlorit (NaClO2)* ist als Lösung sehr basisch und stabil. Wenn es durch den Zusatz einer niedrigprozentigen Säurelösung (zum Beispiel 4 % Salzsäure) angesäuert wird, entsteht *Chlordioxid (ClO2).* Wenn ein *Chlordioxid-Ion* nun nach der Einnahme der *MMS-Lösung* (zum Beispiel in einem Glas 4 Tropfen *Natriumchlorit* mit 4 Tropfen 4%iger Salzsäurelösung mischen und mit 0,2 Liter Trinkwasser auffüllen) auf einen Krankheitserreger trifft, führt dies zu einer *Oxidation,* die die *Parasiten* vernichtet, ohne die körpereigenen Zellen zu schädigen. *MMS* tötet alle anaeroben Mikroben und Parasiten ab, greift dabei aber nicht die gutartigen Bakterien in unserem Verdauungssystem an. Als einziger Rückstand findet sich nach dem Einsatz von *Chlordioxid* in Wasser, Nahrung und Körper eine verschwindend geringe Menge Natriumchlorid (NaCl), gemeinhin bekannt als Speisesalz.

Mittlerweile wird *MMS* auch vereinzelt von Schulmedizinern erfolgreich angewandt. So hat die Fachärztin für Allgemeinmedizin, Homöopathie und Psychotherapie *Dr. med. Antje Oswald* ihre positiven Erfahrungen mit *MMS* in einem Buch niedergeschrieben.[79] Neben diesem Buch steht im Internet auch der erste Teil des Buches von *Jim Humble* "MMS – der Durchbruch" kostenlos zum Download bereit.[80] Dort kannst du weitere wichtigste Informationen zu *MMS* erhalten. Ich selbst setze *MMS* ab und an immer dann ein, wenn mein Immunsystem gegen eine heftige Infektion anzukämpfen hat.

Bevor man *MMS* selbst anwendet, sollte man sich unbedingt über das Mittel informieren. In jedem Falle ist allein die Kenntnis, dass es diese Methode gibt, die schon erfolgreich u.a. bei *Malaria, Hepatitis A, B und C, Herpes, Tuberkulose,* die meisten *Krebsformen* angewandt wurde, ein Lichtblick. Ein sehr preiswertes, ergiebiges Präparat sticht teure und nur bedingt wirkende Arzneimittel aus. Da wundert es nicht, dass in einschlägigen Medien gegen *MMS* Propaganda gemacht wird. So betitelt *Spiegel Online* einen Artikel mit der Überschrift: *Gefährliches "Wundermittel" MMS: Wenn Quacksalber für giftige*

[78] Quelle: http://www.jimhumblemms.de/node/17

[79] Antje Oswald: Das MMS-Handbuch: Gesundheit in eigener Verantwortung, Daniel-Peter-Verlag, Schnaittach

[80] Download unter: https://mobiwell.com/files/MMS-E-Book-Teil-1.pdf

*Chlorbleiche werben.*[81] Die Erfolgsgeschichten von tausenden Patienten zählen bei dieser Art von Diskreditierung genauso wenig, wie die positiven Anwendungserfahrungen von Schulmedizinern wie *Dr. Antje Oswald*. Die Motivation hinter derlei gesteuerter Berichterstattung ist klar. Die großen Pharmakonzerne werden wohl kaum teure Werbeanzeigen für eines ihrer Produkte schalten, wenn in derselben Gazette positive Berichte über ein billiges und einfaches Mittel erscheinen, dessen Wirksamkeit alles andere in den Schatten stellen dürfte.

Nun komme ich einmal auf sogenannte medizinische "Wunder" zu sprechen, die ich selbst – nicht an mir wohlgemerkt – erleben durfte. Was würdest du sagen, wenn ich behaupte, dass man einen Menschen mit desolaten Nieren, der auf die Dialyse angewiesen ist und auf ein geeignetes Spenderorgan wartet, wieder zu eigenen funktionsfähigen Nieren bringen könnte? Oder einen anderen, schwer zuckerkranken Menschen, von der Last der täglichen Insulinspritzen wieder befreien könnte? Ich höre dich gerade sagen: *Man der spinnt doch!* Kein Problem, ich würde vermutlich genauso reagieren. Allerdings habe ich mittlerweile einen anderen Wissensstand, was die Möglichkeiten der Heilung von Krankheiten betrifft. Denn ich hatte das Glück, im Oktober 2008 eine Heilerin kennenzulernen, die sich der ganzheitlichen Heilung verschrieben hat, und ihr ein wenig über die Schulter zu schauen. Es ist *Martina F.*[82] aus *Magdeburg*. Ihre Praxis ist gut besucht und ihr Terminkalender fast lückenlos gefüllt. Die Patienten geben sich die Klinke in die Hand. Ständig suchen *Martina F.* weitere Menschen mit *Befindlichkeitsstörungen* auf, die durch die Mund-zu-Mund Propaganda ihrer anderen Patienten zu ihr fanden.

Das Wort *Befindlichkeitsstörungen* habe ich das erste Mal bei *Martina F.* gehört. Sie verwendet es anstelle des Wortes Krankheit. Grundsätzlich sagt sie: *"Jede Befindlichkeitsstörung ist heilbar!"* Natürlich sei der Patient selbst Dreh- und Angelpunkt seiner eigenen Heilung. Es sei erforderlich, dass er sich an bestimmte Handlungsempfehlungen halte, die in Form von Therapievorschlägen gegeben werden. Es gehe dabei aber nicht einfach darum, dass anhand der Analyse von körperlichen Symptomen zum Beispiel ein Medikament verschrieben werde, das vielleicht eine Linderung der Beschwerden herbeiführe, sondern um die ganzheitliche *Anamnese* des Patienten und um die gezielte Herbeiführung eines Heilerfolges. Die Lebensentwicklung, die familiäre und berufliche Situation des Patienten spiele dabei ebenso eine große Rolle, wie seine Ernährungsgewohnheiten und sein Wohnumfeld.

Die Patienten, die zum ersten Mal zu *Martina F.* kommen, brauchen ihr ihre

---

[81] Siehe: http://www.spiegel.de/wissenschaft/medizin/mms-quacksalber-werben-auf-kongress-in-hannover-a-967307.html

[82] Auf Grund des Persönlichkeitsrechtes wurde von der Veröffentlichung des vollständigen Namens abgesehen. Anfragen zum Kontakt zur Therapeutin können an den Autor gerichtet werden.

Krankheitsgeschichte nicht vorzutragen. *Martina F.* sieht am Äußeren des Patienten bereits, welche Erkrankungen vorliegen. Ein Blick ins Gesicht genügt ihr meist, um festzustellen, dass der Patient zu wenig trinkt, seinem Körper bestimmte Mineralien fehlen, er vielleicht schon einen Herzinfarkt und Probleme mit der Galle hatte. Ich selbst durfte einer solchen *visuellen Anamnese* der 65-jährigen Frau Inge D. beiwohnen. Was mir dabei neu war, war der Umstand, dass man neben den Zeichen auf der Haut, vor allem der Gesichtshaut, weiterhin auch aus der Iris und aus den Fingernägeln bestimmte akute körperliche Zustände und Krankheitsverlaufsindikationen der Vergangenheit ablesen kann. Als *Martina F.* der Patientin neben den ungefähren Jahreszahlen die damals stattgefundenen Operationen sowie die Tatsache eines bereits erlittenen ersten leichten Herzinfarktes mitteilte, weiteten sich deren Augen vor Überraschung. Schwankender Blutdruck und Probleme mit den Bandscheiben wurden ebenfalls gesehen. Inge D. bestätigte die Analysen von *Martina F.* jedes Mal mit einem Kopfnicken oder ließ erstaunt vernehmen: *"Ja das stimmt! Woher wissen Sie das?"*

Nachdem also die *Befindlichkeitsstörungen* genau analysiert worden waren, gab die Heilerin der Patientin Inge D. diverse Therapievorschläge. In diesem Zusammenhang ist zu erwähnen, dass die Patientin sehr heftige Schmerzen in den Armen und im Hüftbereich hatte und deshalb bereits eine jahrelange Odyssee von Arzt zu Arzt hinter sich gebracht hatte, ohne dass ihr wirklich geholfen werden konnte. Neben einfachen Empfehlungen, wie, mehr Wasser zu trinken, sich in der Apotheke ein Kalzium- und ein Magnesiumpräparat in Form von *Schüßlersalzen*[83] zu besorgen, um möglichst schnell einige auf dem Mangel an diesen Mineralien beruhende Krankheitsfolgen zu beseitigen, empfahl *Martina F.* der Patientin eine *Elektrolyse* und eine Therapie mit einem *Magnet-Resonanz-Stimulanz-System.* Wie ich bei einer späteren Visite erfuhr, schlug das Therapiepaket gut an.

Nachfolgend möchte ich diese Therapiemethoden kurz erläutern:

Die *Elektrolyse* – die meist über ein Fußbad realisiert wird – ist eine Methode, die dem Körper hilft, belastende Säuren, Schlacken und Schadstoffe schnell und tief greifend ausscheiden zu können.

Das *Elektrolysegerät "... erzeugt während der Anwendung im Medium Wasser durch einen galvanischen Stromfluss (Elektrolyse) abwechselnd Millionen freier*[84] *... negativer und positiver Ionen, sogenannte Anionen und Protonen. Das im Vergleich zum Organismus dadurch erheblich erhöhte Ladungspotential des Wassers regt im direkten Gegenzug die nach dem Stoffwechsel stets schwächer*

[83] Schüßlersalze sind Präparate von Mineralsalzen in homöopathischer Dosierung (Potenzierung) die vornehmlich in der Alternativmedizin Anwendung finden.
[84] Dies sind Ionen ohne Ladungsträger und elementare Bindung.

*geladenen Stoffwechselrückstände, wie Mineralien, Salze, Schwermetalle und Gifte (Schlacken) im Organismus über die Haut zum Ausgleich ihrer elektrischen Spannung an. Im Verlauf dieses Ausgleichs erfolgt über die Körperflüssigkeiten, Blutbahn, Lymphe, Epidermis und schlussendlich über die Hautporen eine Ausleitung (Übergang ins Wasser). Die erzeugten überschüssigen Ionen ... im Wasserbad darf man sich dabei in ihrer Funktionsweise ruhig wie eine Art »Staubsauger« oder »Elektromagneten« vorstellen."*[85]

Durch die Anwendung wird eine wohlige Entspannung sowie angenehme Durchblutung erreicht und der gesamte Körper in seiner regulierenden Tätigkeit unterstützt. Die therapeutische *Elektrolyse* bildet unter anderem eine Grundlage zur Vorbeugung und ermöglicht dem Körper Hilfe zur Selbsthilfe. Dass die Reinigung direkt und intensiv geschieht, kann man während der Anwendung selbst beobachten. Während des programmgemäß 30-minütigen Fußbades nimmt das Wasser unterschiedlich intensive Verfärbungen an, da die ausgeschiedenen Stoffe durch die Elektrolyse in das Wasser abgegeben werden. Man sieht es aber nicht nur, sondern kann die ausgeschiedenen Körperschlacken auch riechen.

Ich nehme die *Elektrolyse* selbstverständlich auch regelmäßig selbst wahr und kann versichern, dass man bei der allerersten Anwendung nach den 30 Minuten völlig fassungslos auf das dunkelbraun verfärbte, teilweise merkwürdig ausgeflockte, Wasser schaute und sich fragte, was so alles im Körper steckt. Die Methode ist so simpel und so effektiv.

Die *Magnet-Resonanz-Stimulanz-Therapie*. Hier sollte man im Vorfeld wissen, dass das *geomagnetische Feld* der Erde sehr wichtig für den menschlichen Organismus ist. *Was hat aber das natürliche Erdmagnetfeld mit der Gesundheit des Menschen zu tun?* Vor einiger Zeit hätte ich die Frage noch mit einem unwissenden Kopfschütteln oder wie aus der Pistole geschossen mit: *"Gar nichts!"*, beantwortet. Heute jedoch bin ich schlauer. Das natürliche Erdmagnetfeld ist für die Körperzellen des menschlichen Organismus sogar immanent wichtig. *Wie wirkt das Erdmagnetfeld auf die Zellen des Menschen (und natürlich auch der Tiere)?* Sehr schön wird diese Wirkung in dem Infoflyer "Magnetfeld-Therapie" des Bundesverbandes der naturkundlich tätigen Zahnärzte in Deutschland erläutert. Dort heißt es:

*"Die menschlichen Körperzellen bestehen aus elektrisch geladenen Molekülen. Diese Moleküle richten sich aufgrund ihrer elektrischen Ladung unter Einfluss des Magnetfeldes neu aus. Durch den Reiz der Magnetfelder wird die Zellwand verändert. Unter diesem Einfluss wird die Zellwand erweitert und Sauerstoff kann in die Zelle einfließen. Dabei wird der Stoffwechsel aktiviert und die Schlackenstoffe über die Gefäße abgeleitet. Zudem wird die Zellteilungsrate in dieser Zeit gesteigert, was zur schnelleren Heilung von Wunden und dem raschen*

[85] Quelle: Betriebsanleitung für das Bionwell Detox Elektrolysegerät

*Abbau von Hämatomen führt."*[86]

Hieraus ergibt sich der Ansatz, warum bei fehlender ausreichender Verbindung des menschlichen Organismus mit dem Erdmagnetfeld regelmäßig *Befindlichkeitsstörungen* beim Menschen auftreten, die eigentlich nicht auftreten müssten. Es ist übrigens ein Phänomen der Neuzeit, das heißt eine Folge der modernen Lebensweise der Menschen in den entwickelten Industriestaaten. Hierzu wird im oben genannten Flyer weiterhin ausgeführt:

*"Nur im Freien kann das gesundheitsfördernde Erdmagnetfeld auf uns einwirken, da Gebäude die schwachen Magnetfelder absorbieren. Über 90 % unseres Lebens verbringen wir aber in geschlossenen Räumen oder Verkehrsmitteln, »Käfigen«, die das Erdmagnetfeld völlig ausschließen. In Räumen erwartet uns außerdem sogenannter Elektrosmog aus elektrischen Geräten. Diese haben andersartige Magnetfelder und stören so den Organismus."*[87]

Ein Mitglied der *Massai*, einem Hirtenvolk in *Kenia* und *Tansania*, wird dieses Problem nicht haben, denn es befindet sich während jeden Tages ununterbrochen auf dem natürlichen Erdmagnetfeld, da auch seine Behausung, eine Hütte die aus Kuhdung gebaut wird, nicht abgeschirmt ist, also nicht wie ein "Käfig" wirkt. Daher werden bei solchen Naturvölkern, wie den *Massai*, keine Regenerationsdefizite bei den menschlichen Zellen auftreten, wie etwa bei einem Durchschnittsbürger in Deutschland, der sich auf Grund seiner Bedingungen am Arbeitsplatz und im Wohnbereich und seiner persönlichen Verhaltensweisen, in der Regel nur 2,5 Stunden am Tag im Freien auf dem natürlichen Erdmagnetfeld aufhält.

*Martina F.* erklärte mir zur *Magnet-Resonanz-Stimulanz-Therapie*, dass man mit dieser Anwendungsmethode ganze Körperorgane regenerieren könne. Solange eine einzige gesunde Zelle in dem funktionsgestörten Organ existiere, könne es mit der *Magnet-Resonanz-Stimulanz-Therapie* wiederhergestellt werden, in dem durch das Magnetfeld die Zellteilung der gesunden, verbliebenen Zelle angeregt und forciert werde! Dies klingt unglaublich; ist aber nach meinen Erfahrungen zutreffend.

Ein Patient, der damals 48-jährige Torsten D., litt seit circa 12 Jahren nach einer Viruserkrankung unter funktionseingeschränkten Nieren. Er ist regelmäßiger Patient an einer Universitätsklinik und befindet sich dort permanent in medizinischer Behandlung. Die Zahl und Variation der verordneten Medikamente, die er gegenüber *Martina F.* offenlegte, versetzte mich in Erstaunen. Das eine Medikament hatte die Nebenwirkung, dass es sich auf die Magenschleimhäute auswirkte, wodurch er ein weiteres Medikament zu sich

---

[86] Quelle: http://www.gko-online.de/images/pdf/ma_therapie.pdf
[87] ebenda

nehmen musste, das aber wiederum zu Wasseransammlungen in den Beinen führte, wogegen wiederum ein anderes Medikament einzunehmen war. Die Litanei der verordneten Medikamente war umfassend, ihre Wirkung führte jedoch nicht zur Verbesserung der körperlichen Funktionen. Insbesondere die Nierenwerte verschlechterten sich immer mehr. Die Aussicht, die Torsten D. im Sommer 2009 von seinem Arzt gestellt wurde, war frustrierend; er würde in einigen Wochen ein vollständiges Nierenversagen erleiden und damit würde sich die regelmäßige Dialyse nicht mehr vermeiden lassen. *Martina F.* war somit sein letzter Ausweg. Sie schlug neben einigen anderen Therapiemethoden, wie der *Elektrolyse* oder der profan klingenden dringenden Empfehlung, mindestens 2 Liter Wasser (ohne Kohlensäure) täglich und bestimmte Tees zu trinken, die *Magnet-Resonanz-Stimulanz-Therapie* vor.

*"Bei der Magnet-Resonanz-Stimulation wird der Körper mit einem Magnetfeld, mit spezifischen Frequenzbündeln, ähnlich den Frequenzbündeln des natürlichen Erdmagnetfeldes, stimuliert."*[88]

Als zugelassenes Medizingerät eignet sich hierfür das *VitaLife R-System*[89]. Torsten D. begann die Therapie mit diesem Gerät. Bereits wenige Wochen nach Beginn der Behandlung konnte der behandelnde Arzt der Uniklinik eine eklatante Verbesserung der Nierenfunktionen diagnostizieren, was er sich angesichts des bisherigen Therapieverlaufs gar nicht erklären konnte. Torsten D. war jedenfalls heilfroh, dass er dank *Martina F.* mit der *Magnet-Resonanz-Stimulanz-Therapie* begonnen hatte und sich bisher die Dialyse ersparen konnte.

Ähnlich positive Erfahrungen machten bereits viele Patienten. *Martina F.* ist eine Heilerin, die moderne mit traditionellen Therapien verbindet und dabei auf Grund der genauen Analyse der Ursachen der *Befindlichkeitsstörungen* ihrer Patienten eine maßgeschneiderte Heilbehandlung vorschlägt. Schlussendlich muss natürlich der Patient die meiste Arbeit leisten, indem er seine krankheitsbedingte Lethargie abstellt und seinen eigenen Willen zur Heilung nach oben bringt.

Wie gut es *Martina F.* gelingt, ihre Patienten zum Heilerfolg zu bringen, konnte ich an dem Beispiel einer *Alzheimerpatientin* erleben. Ich begleitete die Heilerin zu zwei Hausbesuchen bei der über 90jährigen Frau. Die Patientin wohnte im Hause ihres Sohnes in einem Dorf nördlich von *Magdeburg*. Beim ersten Termin bestätigte *Martina* F. die Diagnose *Alzheimer*[90], die schon von den Ärzten gestellt worden war. Die alte Dame erkannte zu diesem Zeitpunkt ihren Sohn nicht mehr und redete ihn mehrfach mit dem Namen ihres verstorbenen Mannes an. Zu dem konnte sie auf Grund ihrer sehr eingeschränkten Merkfähigkeit und

---

[88] Quelle: http://europe.vita-life.com/medizin/produkte/r-system/technik-detail.html
[89] Siehe http://europe.vita-life.com/medizin/produkte/r-system/ihr-benefit.html
[90] Alzheimer (lateinisch Morbus Alzheimer) ist eine neurodegenerative Erkrankung.

einer Störung der räumlichen Orientierung praktisch keinerlei Tätigkeiten im Haushalt ausüben, obwohl sie körperlich noch sehr rüstig war. Die Heilerin schlug eine kombinierte Therapie aus *Magnet-Resonanz-Stimulanz-Therapie, Elektrolyse* und *basischer Ernährung*[91] vor. Der Sohn der Patientin stimmte der Behandlung zu. Sechs Wochen später begleitete ich *Martina F.* erneut zu der *Alzheimerpatientin*. Der nunmehr festzustellende geistige Zustand der alten Dame versetzte mich in Erstaunen. Sie erkannte ihren Sohn wieder und war sich darüber bewusst, dass er nicht ihr verstorbener Mann war. Weiterhin hatte sich ihre Merkfähigkeit so entscheidend gebessert, dass sie wieder weitestgehend für sich selbst sorgen und auch Haushaltstätigkeiten verrichten konnte. Ihr Sohn war über diese Entwicklung unendlich erleichtert.

Eine weitere "Wunderheilung" betraf einen Mann, dem vom behandelnden Arzt die Diagnose *Knochenkrebs* gestellt wurde. Der Mediziner empfahl ihm, seine letzten Dinge zu regeln, denn er hätte nur noch wenige Wochen zu leben. Letzte Station war die Heilerin. Offenbar konnte sie ihm helfen, denn die besagte Diagnose lag 2011 bereits mehrere Jahre zurück und er lebte da noch immer.

Ich komme nun in diesem Kapitel zu einem Thema, das vielfach die eigentlichen Ursachen für Erkrankungen bezeichnet: die *Vergiftungen*, die wir täglich unserem Körper zufügen. Der Heilpraktiker und Bestsellerautor *Uwe Karstädt* bringt es bei der Vorstellung seines Buches *Entgiften statt Vergiften* mit einem Satz auf den Punkt: *"Sie sind nicht krank, Sie sind vergiftet."*[92]

Bei dieser Aussage wirst du vielleicht empört denken: *Was für ein Quatsch! Ich schlucke doch kein Gift!*

Leider muss ich dir sagen, dass du dies wohl jeden Tag machst. Du bist dir darüber nur nicht bewusst. Ich möchte dies auch zugleich untermauern und hier ein Beispiel herauspicken. Hast du dir schon einmal deine Zahnpasta genauer angeschaut? Jeden Morgen und Abend drückst du einen Streifen davon auf deine Zahnbürste und putzt dir mit gutem Gewissen die Zähne. Die Werbung tut ihr Übriges, denn sie verspricht, dass man durch regelmäßige Benutzung des beworbenen Mundhygieneprodukts Zähne und Zahnfleisch gesund erhält. Ein auch von Zahnmedizinern für die Erhaltung des Zahnschmelzes empfohlener Inhaltsstoff der Zahnpasta sind *Fluoridverbindungen*. Die Hersteller bewerben fluoridhaltige Zahnpastas sogar mit der Information: *"Unbedingt Zahncremes mit Fluorid benutzen, wie z.B. Dentagard."*[93]

Dies ist eine Empfehlung, der ich nicht folgen würde. Dies werde ich auch

---

[91] Die basische Ernährung versorgt den Körper mit leicht aufnehmbaren basischen Mineralstoffen, sowie mit allen Nähr- und Vitalstoffen, die der Körper benötigt, um saure Stoffwechselrückstände zu vermeiden und den Säure-Basen-Haushalt zu harmonisieren. Dies führt dazu, dass in allen Körperbereichen sich der richtige und gesunde pH-Wert von 7.0 einstellt.

[92] Siehe: http://www.karstaedt-buecher.com/Buecher/entgiften-statt-vergiften.html

[93] Quelle: http://www.dentagard.de/sauber-beissen.htm

sogleich erläutern; jedoch möchte ich zunächst eine provokative Frage stellen: *Würdest du deine Zähne mit einer Zahnpasta putzen, die Bleiverbindungen enthält nur, weil diese gut für Zähne und Zahnfleisch sein sollen?*

*"Wohl kaum!"*, wirst du sagen. *"Jedes Kind weiß doch, dass Blei giftig ist!"*[94]

Da Zahnpasta bekanntermaßen keine *Bleiverbindungen* enthält, erscheint meine provokative Frage wohl etwas "schräg". Jedoch möchte ich dir damit vor Augen führen, dass wir offenbar bedenkenlos handeln, wenn uns die Werbung oder gar ärztliche Empfehlungen einen Produktinhalt als gesundheitsfördernd anpreisen.

Nun machen *Blei* und *Fluor* keinen Unterschied, denn beide Elemente sind toxisch. Und so muss ich leider die Behauptung aufstellen, dass du dich beim Zähneputzen jeden Tag ein wenig mehr vergiftest, soweit du eine Zahnpasta benutzt, die *Fluoride* enthält? Oder wenn du bei der Bereitung von Speisen Salz verwendest, das mit *Fluor* versetzt wurde? Ich muss zugeben, das war mir bis vor einiger Zeit auch nicht klar. Seit der Kindheit wurde uns immer wieder eingetrichtert, dass *Fluor* wichtig für die Zähne sei. Nun hatte ich zwischenzeitlich schon mehrere Bücher gelesen, in denen unter anderem ausgeführt wurde, dass es höchst unverantwortlich sei, weiterhin das Märchen zu verbreiten, dass man dem Organismus *Fluor* zuführen müsse, weil es sich hierbei um einen essenziellen Stoff handeln soll, der für bestimmte Funktionen im Körper gebraucht werde (zum Beispiel für die Härtung der Zähne). Man lese doch mal, was bei *Wikipedia* zu *Fluor* geschrieben steht:

*“Fluor [ˈfluːoːr] ist ein chemisches Element mit dem Symbol F und der Ordnungszahl 9. Im Periodensystem steht es in der 7. Hauptgruppe und gehört damit zu den Halogenen. Es liegt unter Normalbedingungen in Form des zweiatomigen Moleküls $F_2$ gasförmig vor, ist äußerst reaktiv und sehr giftig. Bereits in geringen Konzentrationen kann sein durchdringender Geruch bemerkt werden. Fluor ist farblos und erscheint stark verdichtet blassgelb. Es ist das elektronegativste aller Elemente und hat in Verbindungen mit anderen Elementen – mit wenigen Ausnahmen – stets die Oxidationsstufe −1. Es reagiert mit allen Elementen mit Ausnahme der Edelgase Helium und Neon.*
*Der Name des Elementes leitet sich von lat. fluor »Fluss« ab. Der Ursprung liegt darin, dass das wichtigste natürlich vorkommende Mineral Fluorit (Flussspat) in der Metallurgie als Flussmittel zur Herabsetzung des Schmelzpunktes von Erzen verwendet wurde.*
*Elementares Fluor ist sehr giftig und stark ätzend. Lösliche Fluoride sind in höherer Konzentration ebenfalls sehr giftig, in Spuren möglicherweise essentiell für den Aufbau von Knochen und Zähnen.”*[95]

Der letzte Satz ist besonders interessant; "*möglicherweise essentiell*" steht da

[94] Siehe hierzu auch: http://de.wikipedia.org/wiki/Blei
[95] vgl. http://de.wikipedia.org/wiki/Fluor

geschrieben. Unter dem Eintrag *essentielle Stoffe* kann man bei *Wikipedia* über *Fluor*, welches in einer Aufzählung mit *Arsen*, *Bor*, *Chrom* und dergleichen erscheint, lesen, dass bei diesen Elementen eine biologische Funktion nur vermutet werde, oder die Zusammenhänge und Notwendigkeit noch nicht endgültig geklärt seien. Unter dem Stichwort *Fluoridierung* steht bei *Wikipedia* unter anderem geschrieben:

*"Kontroversen gibt es aber nicht nur im klassischen Sinn zwischen Befürwortern und Gegnern der Fluoridierung, sondern auch zwischen diversen Befürwortern (beispielsweise strittige Detailfragen zwischen Kinder- und Zahnärzten) und bei personellen Veränderungen innerhalb derselben Behörde, z. B. beim Positionswechsel des Bundesgesundheitsamts: 1982 noch dagegen, bei Wechsel des Abteilungsleiters Kurswechsel in die Gegenrichtung mit Herausgabe eines »Erratums« zum SozEp Bericht. Die Salzfluoridierung wurde im Oktober 1983 vom damaligen Gesundheitsministerium noch abgelehnt, 1991 wurde sie eingeführt. Gelegentlich ändert sich auch die persönliche Überzeugung, wenn man sich intensiver mit dem Thema befasst: der vormals prominenteste kanadische Verfechter der Fluoridierung, der Zahnarzt Dr. Hardy Limeback, Universität Toronto, spricht sich inzwischen ausdrücklich gegen die Trinkwasserfluoridierung aus. Zusammen mit über 1700 einschlägigen Experten unterzeichnete er im August 2007 ein Statement, in dem der Stopp der Trinkwasserfluoridierung und eine Untersuchung durch den US-Kongress gefordert werden."*[96]

Wir bekommen also seit Jahrzehnten über Zahnpastas, Tabletten, in Speisesalz und in manchen Ländern auch im Trinkwasser ein Gift verabreicht, bei dem eine biologische Funktion nur *"vermutet wird"* und über Nutzen und Schaden einer *Fluoridierung* seit Jahrzehnten kontrovers diskutiert wird. Das ist für sich schon ein Ding klingt aber noch recht harmlos gegen das, was *Rudi Berner* in dem oben bereits erwähnten Buch *Auf ein Wort* zum Thema *Fluor* ausführt:

*"Die Giftigkeit von Fluor ist in wissenschaftlichen Kreisen durchaus bekannt, wie folgende Auszüge beweisen:*
*Professor Dr. med. F. Schmidt, Leiter der Forschungsstelle für präventive Onkologie (Krebsforschung) der Klinischen Fakultät Mannheim:*
*»Dies gilt insbesondere, weil Natrium-Fluorid ein ausgesprochenes Atemgift ist. Wenn sie – zum Beispiel bei manometrischen Messungen des Zellstoffwechsels – die Zellatmung unterbinden wollen, genügt der Zusatz einer winzigen Menge von Natrium-Fluorid. Wie Ihnen sicher bekannt ist, ist das Gehirn das Organ mit dem höchsten Sauerstoffbedarf. 25% der Sauerstoffaufnahme wird durch dieses relativ kleine Organ verbraucht. Die Unterbindung der Sauerstoffzufuhr zum Gehirn führt schon nach wenigen Minuten zu irreversiblen Schädigungen, während andere Organe noch nach sehr viel längerer Zeit ohne bleibende*

[96] vgl. http://de.wikipedia.org/wiki/Fluoridierung

*Schädigungen wiederbelebt werden können. Schon liegen vereinzelte – wenn auch sicher nicht beweiskräftige – Beobachtungen vor, dass die geistige Entwicklung von Kindern durch die Dauermedikation mit Fluor beeinträchtigt werden kann. Dummheit tut bekanntlich nicht weh. Deshalb dürfte es sicher sehr schwer sein, hier einen exakten wissenschaftlichen Beweis zu führen. Da aber gerade das Gehirn sich im Säuglings- und Kindesalter besonders schnell entwickelt, und demnach besonders viel Sauerstoff benötigt, sollte man sich – schon prophylaktisch – mit jeder Dauermedikation allergrößte Reserve auferlegen, welche die Zellatmung beeinträchtigt. Das ist beim Fluor ohne jeden Zweifel der Fall!«*
*Baseler Nationalzeitung vom 6. September 1976:*
*»Dr. Ali H. Mohammed, Biologie-Professor der Universität von Missouri in Kansas City (USA), hat Anfang September auf dem Treffen der American Chemical Society seine Aufsehen erregenden Versuchsergebnisse vorgetragen. Der Biologe kam aufgrund seiner Experimente zu dem Schluss, dass das Natrium-Fluorid, eine chemische Substanz, die nicht nur in den USA, sondern zum Beispiel auch in Basel dem Trinkwasser zugesetzt wird, bei Versuchstieren genetische Schäden verursacht hat. Sogar die kleine Menge von 1 ppm (part per million) – das entspricht der bei uns üblichen Trinkwasserfluoredierungs-Konzentration von 1 Milligramm Fluorid pro Liter – bewirkte bei Mäusen anhaltende Chromosomenbrüche und – verletzungen. Diese Schädigungen der Erbsubstanz sind nach Prof. Mohammed eindeutig auf das direkte Einwirken der Fluorid-Ionen im genetischen Material, der DNS (Desoxyribonukleinsäure) zurückzuführen!« "*[97]

Als ich das las, wurde mir ganz anders und ich betrachtete meine bis dahin verwendete Zahnpasta mal etwas genauer. Selbstverständlich enthielt selbige *Natriumfluorid,* also genau das Zeug, welches bereits bei wissenschaftlichen Experimenten mit Mäusen hinsichtlich seiner schädlichen Wirkung auf den Organismus ausgetestet worden war. Nun dachte ich mir, ich kaufe eine andere Zahnpasta und schmeiße meine bisherige in die Mülltonne. So ging ich in die Drogerie und schaute mir bei den fleißig beworbenen Produkten an Zahncremes die Inhaltsstoffe an. Ich fand unter den bekannten und weniger bekannten Zahncremes nicht eine einzige, die nicht *Natriumfluorid* oder eine andere Kombination mit *Fluorid*, z.B. *Aminfluorid*, enthielt. Da las ich zum Beispiel auf einem Produkt, welches Zähne viel, viel weißer macht: *"Enthält: Natriumfluorid (1300 ppm)"*. Bei 50 ml Inhalt sozusagen hoch konzentriert! Na, gute Nacht auch! Fast hätte ich aufgegeben, da fand ich dann doch ein sehr unbekanntes Produkt der Marke *Ajona*. In dieser Zahnpasta ist kein *Natriumfluorid* und auch kein Zuckerersatzstoff *Aspartam* enthalten. Einige Zeit später entdeckte ich auch

[97] Rudi Berner: Auf ein Wort - Eine Reise zum Gipfel der Philosophie, überarbeitete Neuauflage 2010, Verlag Art of Arts Forchheim, S. 188 f.

noch, dass die Zahnpasta *Biorepair* kein Fluorid enthält, wofür das Produkt wegen des "fehlenden Kariesschutzes" von der *Stiftung Warentest* arg gescholten wird.[98] Ich sage dazu, dass das schon fast einer Adelung gleichkommt. Allerdings finde ich die Haltung von *Stiftung Warentest* in diesem Zusammenhang sehr verwirrend: *Kariesschutz über alles?* Man sollte ein Produkt nicht deshalb schlecht bewerten, weil es einen giftigen Stoff gerade nicht enthält.

Außer den beiden oben genannten Zahncremes, die im Handel ohne große Suche erhältlich sind, findest du im Internet unter den Suchwörtern *Zahnpasta* und *fluoridfrei* zwischenzeitlich ein breites Sortiment an Zahncremes, deren Hersteller *Fluoridverbindungen* bewusst weglassen und dies auch so bewerben.[99]

Außer *Fluoridverbindungen* gibt es in vielen Lebensmitteln und Hygieneprodukten eine große Zahl anderer Bestandteile, die eine permanente Vergiftung des Körpers nach sich ziehen. Man könnte jetzt vielleicht sagen, dass all diese Stoffe im einzelnen Produkt nur in geringen Mengen verwendet werden, jedoch halte ich es hier mit *Paracelsus,*[100] der einmal sagte: *"Allein die Menge macht das Gift!"* Zu diesem Sprichwort müsste man wohl noch ergänzen, dass auch die Regelmäßigkeit und die Dauer der Einnahme von geringen Mengen toxischer Bestandteile eine Rolle spielen. Allerdings werden auch sogenannte Lebensmittel verkauft, deren Hauptbestandteile bereits aus bedenklichen Stoffen bestehen.

Es würde den Rahmen dieses Buches sprengen, wenn ich hier all diese Stoffe anführen und ausführlich beschreiben würde. Nachfolgend möchte ich jedoch einige negativ herausragende Substanzen benennen und eine kurze Erläuterung geben, warum man diese meiden sollte:

*Aspartam* - ist ein synthetisch hergestellter Süßstoff, der als Lebensmittelzusatzstoff die Kennzeichnung *E 951* trägt und in vielen Produkten wie etwa Softdrinks, Süßwaren, Backwaren und Milchprodukten Verwendung findet.[101] Er ist ein Süßstoff mit vielen Nebenwirkungen und nicht so unbedenklich, wie Studien der Hersteller behaupten. Bei seiner Verstoffwechselung entstehen gefährliche Nervengifte. Gedächtnisverlust, Depressionen, Blindheit und Verlust des Hörvermögens sind nur einige ihrer Wirkungen auf den menschlichen Organismus.[102]

*Aluminium* - In vielen Deodoranten werden Aluminiumverbindungen als sogenannte *Antitranspirante* verwendet, die die Hautporen zusammenziehen und

---

[98] Siehe: http://www.test.de/Zahncreme-Biorepair-Kein-Fluorid-1800896-0/

[99] Siehe zum Beispiel: http://www.fluoridfrei.de/bestellung/

[100] Philippus Theophrastus Aureolus Bombastus von Hohenheim, getauft als Theophrastus Bombastus von Hohenheim, genannt Paracelsus, (1493 - 1541) war ein Arzt, Alchemist, Astrologe, Mystiker, Laientheologe und Philosoph.

[101] Quelle: http://de.wikipedia.org/wiki/Aspartam

[102] Quelle: http://www.zentrum-der-gesundheit.de/ia-aspartam-suessstoff.html

zusammen mit Proteinen einen gelartigen Komplex bilden, der temporär "wie ein Pfropfen" die Schweißkanäle verschließt. *Aluminium* steht im Verdacht, bei zu hoher Konzentration im Körper Krankheiten wie *Brustkrebs* und *Alzheimer* auszulösen. Mittlerweile bewertet es sogar das *Bundesinstitut für Risikobewertung* als bedenklich, Deodorante mit Aluminiumbestandteilen zu verwenden, da die von der *Europäischen Behörde für Lebensmittelsicherheit* (EFSA) empfohlene Aufnahmemenge für *Aluminium*, die allein schon aus dem Verzehr von Lebensmitteln ausgeschöpft werde, durch die Verwendung derartiger *Antitranspirante* überschritten werden kann.[103]

*Speisesalz* - Das herkömmliche *Speise-* oder *Kochsalz*, das heute in sehr vielen Haushalten und Restaurants verwendet wird, besteht nur noch aus *Natriumchlorid. Natriumchlorid* ist auf der Basis der chemischen Elemente Natrium und Chlor aufgebaut. Für die Herstellung von Speisesalz wird das *Natriumchlorid* aus den übrigen Salz-Elementen mit Hilfe verschiedener Chemikalien und Bleichmittel herausgefiltert und isoliert. Dadurch werden 84 wichtige Elemente, die im *Natursalz* und dem vergleichbar auch in unseren Körperflüssigkeiten enthalten sind, entfernt. Im Durchschnitt nehmen wir täglich über unsere Nahrung zwischen 12 und 20 Gramm *raffiniertes Salz* zu uns. Die Nieren können im gesunden Zustand jedoch nur 5 bis 7 Gramm *Speisesalz* verarbeiten. Für das übrige Salz braucht unser Körper eine enorme Menge Wasser, um es zu lösen und so zu isolieren. Dafür wird unser wertvolles Zellwasser verwendet. Das bedeutet, dass den Zellen dieses Wasser entzogen wird, was dazu führt, dass ihnen die Basis zum Leben fehlt. Im schlimmsten Fall können die Zellen dadurch sogar absterben. Durch einen ständigen Mangel an Zellwasser kommt es zu einer *Dehydratation.*[104] Ich empfehle daher die Verwendung naturbelassener Salze wie *Steinsalz* oder *Meersalz.*

*Zucker* - Dieser Begriff wird als Handelsbezeichnung für *Disaccharide* verwendet. Dies sind organisch-chemische Verbindungen aus der Gruppe der *Kohlenhydrate.*[105] *Disaccharide* werden aus *Zuckerrohr* und *Zuckerrüben* hergestellt. *Zucker* wird - wie auch das Salz - *raffiniert (raffinierter Zucker* ist reinweiß, *nicht raffinierter Rohzucker* ist bräunlich). Dadurch werden dem Naturprodukt *Vitalstoffe* wie *Vitamine*, *Mineralstoffe* und *Spurenelemente*, die beim *Zuckerrohr* und den *Zuckerrüben* ohnehin vornehmlich in den Blättern enthalten sind, entzogen. Der Verzehr von Zucker ist nicht harmlos, wie die nachfolgende Darstellung zeigt: *"Zucker kann die folgenden Symptome auslösen oder an deren Entstehung mit beteiligt sein: Unerklärliche Müdigkeit, Antriebs- und Energielosigkeit, Depressionen, Angstzustände, Magen- und Darmprobleme*

---

[103] Quelle: http://www.bfr.bund.de/cm/343/aluminiumhaltige-antitranspirantien-tragen-zur-aufnahme-von-aluminium-bei.pdf
[104] Quelle: http://www.zentrum-der-gesundheit.de/speisesalz-ia.html
[105] Quelle: http://de.wikipedia.org/wiki/Zucker und http://de.wikipedia.org/wiki/Disaccharide

*wie Völlegefühle, Blähungen, Durchfall und Verstopfung, Haarausfall, Hautkrankheiten, Pilzbefall, Menstruationsbeschwerden, Nervosität, Schlafstörungen, Konzentrationsschwäche - bis hin zu geistiger Verwirrtheit und anderem mehr. Was von besonderem Interesse ist: Der Körper wird anfällig für »Infektionskrankheiten«. Sein Immunsystem ist am Boden und nicht mehr fähig, den Körper angemessen zu schützen."*[106]

Hinsichtlich der positiven Wirkungen des Verzehrs von *Zucker* gibt es kontroverse Aussagen. Einige Autoren bewerten *Zucker* als völlig überflüssig und generell ungesund, weil er Zivilisationskrankheiten verursache und fördere[107], während andere Verfasser ihm auch positive Effekte zubilligen. So soll Zucker äußerlich zur Wundheilung beitragen und insoweit eine antiseptische Wirkung haben. Innerlich werde durch den aufgenommenen *Zucker* die *Insulinproduktion* der *Bauspeicheldrüse* angekurbelt, was zur schnellen Energieaufnahme der Körperzellen und Organe und zur Produktion des Hormons *Serotonin* führt, das eine stimmungsaufhellende Wirkung entfalte.[108] Wie auch immer; ich bin der Auffassung, dass man *Zucker* in Maßen und nicht in Massen verzehren sollte, was natürlich einige - vielleicht auch lieb gewordene - Verhaltensweisen auf den Prüfstand stellt. So ist anzuraten, dass sich jeder über die Zuckermengen in Lebensmitteln schlaumachen und Produkte lieber meiden sollte, die übermäßig viel Zucker enthalten. Beim Backen und Kochen kann man anstatt raffinierten, weißen Zuckers auch braunen Rohzucker verwenden, denn geschmacklich gibt es da keine Unterschiede.

*Geschmacksverstärker* - Dies sind Lebensmittelzusatzstoffe, die - wie es ihr Name schon andeutet - den Geschmack von Speisen verstärken. Zu den meist verwendeten *Geschmacksverstärkern* zählen *Glutamate.* Als solche werden die *Ester* und *Salze der Glutaminsäure* bezeichnet. Bekannt sind vor allem *Salze der L-Glutaminsäure* durch ihren Einsatz als *Geschmacksverstärker* in Lebensmitteln.[109] Traditionell wird im westlichen Kulturkreis angenommen, dass die Wirkung von *Geschmacksverstärkern* hauptsächlich auf der Sensibilisierung der *Mundpapillen* beruhe. Inzwischen ist belegt, dass sich zum Beispiel *Glutamat* direkt an die *Rezeptoren* der *Geschmacksknospen* bindet und damit als fünfter Geschmack mit dem Namen *Umami* zu den bekannten vier Geschmacksrichtungen (süß, sauer, salzig, bitter) hinzugerechnet werden muss.[110] Angesichts dieser Beschreibung erscheint es schon fast irrwitzig, dass man Speisen, statt mit durchaus bekömmlichen Gewürzen und Kräutern, mit chemisch extrahierten Substanzen versetzt, um unsere *Geschmackssensoren*

---

[106] vgl. http://www.zentrum-der-gesundheit.de/zucker.html

[107] z.B. Rudi Berner: Auf ein Wort - Eine Reise zum Gipfel der Philosophie, überarbeitete Neuauflage 2010, Verlag Art of Arts Forchheim, S. 234

[108] Quelle: http://www.zentrum-der-gesundheit.de/zucker.html

[109] Quelle: http://de.wikipedia.org/wiki/Glutamate

[110] Quelle: http://de.wikipedia.org/wiki/Geschmacksverstärker

auszutricksen. In diversen Internetmedien wird dies noch krasser beschrieben: *"Beim Glutamat handelt es sich, neurologisch betrachtet, um ein Rauschgift. Es ist eine suchterzeugende Aminosäureverbindung, die über die Schleimhäute ins Blut geht, und von dort direkt in unser Gehirn gelangt, weil die recht kleinen Moleküle des Glutamats unsere schützende Blut-Hirnschranke z.T. problemlos überwinden. Im Unterschied zu den bekannteren Rauschgiften macht Glutamat nicht vorwiegend »high«, sondern es erzeugt künstlich Appetit, indem es u.a. die Funktion unseres Stammhirns stört. Das Stammhirn (limbisches System) regelt neben den elementaren Körperfunktionen unsere Gefühlswahrnehmung und daher auch den Hunger. Durch die Störungen verursacht das Glutamat Schweißausbrüche und Streßwirkungen wie Magenschmerzen, Bluthochdruck und Herzklopfen. Es führt bei sensibleren Menschen häufig zu Migräne. Die Sinneswahrnehmung wird deutlich eingeschränkt und die Lernfähigkeit und das allgemeine Konzentrationsvermögen nehmen nach Einnahme von Glutamat bis zu mehrere Stunden lang nachhaltig ab. Bei Allergikern kann Glutamat epileptische Anfälle bewirken oder sogar zum Soforttod durch Atemlähmung führen."*[111]
Angesichts dieser Darstellung kann ich nur raten, beim Kauf von Lebensmitteln genau auf die Inhaltsstoffe zu achten und auf solche zu verzichten, die *Geschmacksverstärker* oder *E 6XX* Nummern auflisten.

*Konservierungsstoffe* - Dies sind *Lebensmittelzusatzstoffe*, die den Verderb von Lebensmitteln z.B. durch *Bakterien*, *Hefe- und Schimmelpilze* verhindern sollen. *Konservierungsstoffe* müssen durch Gattungsbezeichnung, Namen und die *E-Nummer (200 bis 299)* deklariert werden.[112] Auch wenn die in Lebensmitteln verwendeten Konservierungsstoffe zugelassen sind, können einige der Verbindungen im Organismus negative Reaktionen auslösen. So kann es zu einer sogenannten *Pseudoallergie* kommen, bei der der Körper auf die Konservierungsmittel allergisch reagiert. Vor allem die Substanzen mit den *Nummern E 200 bis E 285* werden von Kritikern als bedenklich eingeschätzt, da der Organismus geschädigt oder beeinträchtigt werden kann.[113] Ich rate dazu, auf den Verzehr von Fertigprodukten und von Lebensmitteln mit *Konservierungsstoffen* zu verzichten und die täglichen Mahlzeiten aus frischen Zutaten selbst zuzubereiten.

Dies war nur eine kurze und keinesfalls abschließende Darstellung von Substanzen und Inhaltstoffen, welche bei Verzehr oder übermäßigem Verbrauch der Gesundheit nicht gerade zuträglich sind. Hinzu kommt der Verzehr von sogenannten *Genussmitteln* wie *Alkohol* und *Koffein in Kaffee* sowie das Inhalieren von *Tabakrauch*. Letztere sind unumstritten als *Gifte* einzustufen und

[111] vgl. http://www.zentrum-der-gesundheit.de/glutamat-ia.html
[112] Quelle: http://de.wikipedia.org/wiki/Konservierungsmittel
[113] Quelle: http://www.med.de/gesundheit/ernaehrung/zusatzstoffe/konservierungsmittel.html

ziehen bei ständigem Verzehr bzw. Gebrauch ein gewisses Suchtverhalten nach sich. Nun möchte ich niemanden die Tasse Kaffee am Morgen oder sein Glas Wein bzw. sein Bier am Abend vermiesen; gleichwohl wird berechtigterweise in der Literatur und den Medien darauf hingewiesen, dass der regelmäßige Konsum solcher *Genussmittel* zu Abhängigkeiten führt. Daher sollte man sich selbst kontrollieren, ob man auf derartige Suchtmittel zumindest zeitweise verzichten kann.

Abschließend möchte ich noch kurz erläutern, wie man den Körper regelmäßig entgiften kann. Ich selbst trinke jeden Tag mindestens zwei Liter naturbelassenes Quellwasser (nur in Glasflaschen abgefüllt) bzw. gefiltertes Leitungswasser.[114] Wenn man täglich mindestens ca. 2 Liter Wasser trinkt (bei Menschen mit höherem Körpergewicht sollte es ein halber bis ganzer Liter mehr sein), spült man damit Giftstoffe aus dem Körper und dies trägt dazu bei, die Nieren und die Leber zu entlasten. Dabei ist es wichtig, gleich am Morgen viel Wasser zu trinken, weil sich über Nacht viele Giftstoffe des letzten Tages vor allem in den Entgiftungsorganen angesammelt haben. Das Trinken von Wasser mit *Kohlensäure* ist nicht zu empfehlen, da diese das *Säure-Basen-Verhältnis* im Körper stört und dessen Übersäuerung fördert. Für Menschen, die gegen das Trinken von Wasser eine Abneigung haben, ist auch das Trinken von gewöhnlichen - im Handel erhältlichen - *Kräutertees* wie *Pfefferminztee, Kamillentee* oder *Kräutermischtees* aus biologischem Anbau zu empfehlen. Hierbei sollte man auf schwarzen oder grünen Tee verzichten, weil dieser ebenso wie *Kaffee Koffein* enthält. Spezielle Kräuter, aus denen man Tees bereiten kann, haben eine starke entgiftende Wirkung. Hier empfehle ich jedoch keine Versuche auf eigene Faust, sondern den Rat eines erfahrenen *Kräuterkundigen* bzw. des *Heilers* oder *Heilpraktikers* deines Vertrauens einzuholen.
Neben dem ausreichenden Trinken von Wasser ist die oben beschriebene *Elektrolyse* eine gute Methode um Giftstoffe aus dem Körper zu befördern.

Fazit:
Die Schulmedizin gewährt den Patienten eine Grundversorgung bei Erkrankungen und körperlichen Gebrechen. Jedoch befassen sich Schulmediziner in der Regel nicht mit der ganzheitlichen Betrachtung einer Krankheit und verordnen Medikamente, die die Symptome beseitigen oder lindern, jedoch nicht die Ursachen angehen. Die Folgen sind Medikamentenabhängigkeiten mit weiteren Risiken durch Nebenwirkungen von Arzneimitteln. Mancher Patient ist verzweifelt, weil ihm die Schulmedizin im Hinblick auf seine Erkrankung keine Hilfe (mehr) geben kann. Hier bieten sich Mediziner und Heiler an, die sich alternativen und ganzheitlichen Therapiemethoden verschrieben haben. Sie

[114] Als Wasserfilter verwende ich ein Auftischgerät mit Filtereinsatz der Firma Carbonit.
Siehe: http://www.carbonit.de

betrachten die Ursachen einer Erkrankung und geben dem Patienten ganz auf seine Person zugeschnittene Handlungsempfehlungen, die ihn in den Heilungsprozess einbinden, um seine Erkrankung zu überwinden. Neben modernen Heilungsmethoden wie der *Bio-Frequenztherapie,* der *Magnet-Resonanz-Stimulanz-Therapie* und der *Elektrolyse* werden auch die *Kräuterkunde*, die *Homöopathie* und die *Geistheilung* erfolgreich praktiziert. Hierbei zählt allein das Ergebnis und nicht das Wie, so dass das alte Sprichwort: "Wer heilt, hat Recht!" seine volle Berechtigung erlangt. Für eine Heilung ist es auch wichtig, dass wir uns über die täglichen Vergiftungen durch Zusatzstoffe in Lebensmitteln und Hygieneartikeln bewusst werden und unser Konsumverhalten danach ausrichten, solche Produkte zu meiden, deren Bestandteile unserer Gesundheit abträglich sind.

## Nachwort

Vielleicht denkst du jetzt: *Das war starker Tobak!* Oder: *Das glaub ich jetzt nicht!* Ich kann dir dein diesbezügliches Empfinden weder abnehmen noch kann ich es interpretieren. Es liegt allein bei dir über meine Erkenntnisse über "Unmöglichkeiten" nachzudenken und das eine oder andere vielleicht selbst auszuprobieren oder nachzuvollziehen. Ich empfehle es nur und möchte keinesfalls irgendeinen Zwang auf deine Entscheidungen ausüben. Gleichwohl war es kein Zufall, dass dieses Buch dich gefunden hat. Es liegt nun bei dir, deine derzeitige Lebenslage zu betrachten und den für dich richtigen Weg einzuschlagen, so dies nicht bereits geschehen ist. Natürlich kannst du auch alles beim Alten belassen. Vielleicht ist dieses Buch auch eine Art Bestätigung für deine eigenen Erlebnisse; vielleicht weckt es auch Erinnerungen an Begebenheiten, die du zunächst nicht deuten konntest, nun aber aus einer klareren Perspektive siehst. Manche Leser werden vielleicht auch feststellen, dass für sie in diesem Buch gar nichts Neues steht. Um so besser! Ich halte es in der heutigen Zeit des allgemeinen Wandels für sehr wichtig, dass immer mehr Menschen mit offenem Bewusstsein durch das Leben gehen und sich ihre eigene Meinung bilden, die nicht nur den vorgekauten Medienbrei reflektiert. Hinter die Dinge zu schauen bedeutet natürlich auch, dass man im gewissen Sinne auch "gegen den Strom schwimmt". Das mag aus der Sicht der Anderen, die ihre Paddel hochgenommen haben und das Dahintreiben genießen, verrückt und unnormal sein. Jedoch hat man als "Gegen-den-Strom-Schwimmer" schon die höhere Perspektive erreicht, die einem zeigt, dass sich die vermeintlich bequeme Strömung auf einen Abgrund zubewegt. In gewisser Weise ist dieses Buch also auch eine Anleitung für einen Perspektivwechsel, der dich befähigen kann, das rettende Ufer zu erreichen, bevor die Strömung dir keine Wahl mehr lässt.

In diesem Sinne wünsche ich dir viel Liebe und Licht für ein langes und erfülltes Leben.

Printed by Books on Demand GmbH, Norderstedt / Germany